PSICOLOGÍA

OSCURA

Y

MANIPULACIÓN

GASLIGHTING

Consejos y Trucos para Aprender el Arte de la Persuasión,
la Influencia sobre las Personas y la Hipnosis

MELINDA XAVIER

Índice de Contenidos

Introducción

¿Ha habido alguna vez en la que alguien te haya hecho sentir culpable aunque sepas que no has hecho nada malo? Tal vez tuviste que cancelar los planes con tu pareja porque estabas cansado o te llamaron del trabajo, aunque los planes se hicieron hace semanas. Sabes que tenías que ir, y era algo que no se podía ignorar.

En lugar de comprender la difícil situación en la que te has visto envuelto, tu pareja te dice: "Tenía muchas ganas de ir a esa cita. No puedo creer que hayas cancelado nuestros planes a pesar de haberlos hecho semanas antes". Tu pareja parece de repente triste y decepcionada. Esto te hace sentir culpable.

Esto no es más que un caso de culpabilización, y es una de las tácticas de manipulación más utilizadas. Se trata de decir cosas a la otra persona para que se sienta culpable por negarse a hacer algo, independientemente de lo razonable que sea la negativa. No es más que un intento de influir en los demás para que hagan lo que tú quieres que hagan. Eso es precisamente la manipulación.

Escuchar las palabras "psicología oscura, manipulación o gaslighting" puede conjurar algunos escenarios inquietantes en tu cabeza. Rara vez parece deseable, ya sea la representación general de estos conceptos o la comprensión habitual. Sin embargo, la manipulación está presente en todas partes.

Algo tan sencillo como convencer o persuadir a los demás para que cumplan tus deseos también se considera manipulación. Puedes lograr tus objetivos y sueños desbloqueando el poder de la psicología oscura. Si sabes qué y cómo hacerlo, la manipulación ayuda a crear el ambiente adecuado y controla la mente de los demás. Puedes incitar a las personas a cumplir tus órdenes e influirlas de forma efectiva para que se adapten a tus necesidades y requisitos.

Ciertos tipos de influencia están diseñados para hacer que los demás te obedezcan sin que sepan lo que está ocurriendo. Esto se conoce como manipulación encubierta y es una de las técnicas preferidas por aquellos que comúnmente practican lo que se conoce como psicología oscura.

La psicología oscura incluye varias tácticas y técnicas comúnmente utilizadas para hacer que otros hagan su voluntad. Todos tenemos diferentes necesidades y deseos. Independientemente del objetivo que se quiera alcanzar, se necesitan las contribuciones y la participación de los demás. La forma más sencilla de conseguir que los demás se pongan de tu lado es influenciarlos o persuadirlos. Estos conceptos se incluyen en la psicología oscura.

La mente humana es la herramienta más poderosa de su arsenal. Aprender cómo funciona es muy importante para controlarla. Para aprovechar y aprovechar realmente su poder, la psicología oscura ayuda. Ya sea un vendedor o un político, estas personas suelen utilizar diferentes tácticas de persuasión, convencimiento e influencia para salirse con la suya. Una vez que sabes lo que es la psicología oscura, incluso puedes aprender a utilizarla.

Aprender sobre la psicología oscura será útil en diferentes aspectos de tu vida. Ya sea en tu vida personal o profesional, puedes alcanzar el éxito y crear la vida que deseas desbloqueando su poder. ¿Te estás preguntando cómo puedes aprender todo esto? Si es así, "Psicología oscura y manipulación con Gaslighting: Consejos y Trucos para Aprender el Arte de la Persuasión, la Influencia sobre las Personas y la Hipnosis utilizando los Reinos de la Psicología Oscura y la Manipulación" es el libro perfecto para ti.

Este libro le servirá de guía y le ayudará a comprender mejor la psicología oscura, la manipulación y la influencia. Además, aprenderás cómo utilizar y manejar las herramientas de la psicología oscura y obtener los resultados deseados en lugar de simplemente coaccionar a los demás para que obedezcan. También se le dará información sobre cómo reconocer y entender qué es la manipulación, cómo funciona y el significado de la psicología oscura.

Desde el aprendizaje de la persuasión y las técnicas de influencia hasta la programación neurolingüística, la psicología oscura tiene diferentes aspectos. Aprender a manejarlos con eficacia y eficiencia será de gran ayuda.

¿Estás ansioso por aprender más sobre todo esto? Si es así, ¡comencemos inmediatamente!

Capítulo 1

Descifrar la Psicología Oscura
y la Manipulación

La psicología se utiliza habitualmente en las conversaciones, pero pocos saben lo que significa. Definir esta palabra es increíblemente sencillo y se refiere esencialmente al estudio científico de la mente humana. En ella se incluyen varios aspectos, que van desde los comportamientos y los procesos de pensamiento hasta las relaciones.

Siempre que se menciona la palabra psicología, se refiere esencialmente a buscar el porqué y el cómo de los procesos mentales en cualquier ser humano. Puede incluir algo tan complicado como entender los procesos neurobiológicos, como la reacción que se desencadena en el cerebro cuando controla activamente las funciones del cuerpo. También puede ser algo tan sencillo como ver a un niño pequeño haciendo un berrinche en toda regla en el supermercado o la tienda de comestibles porque le han negado un caramelo.

La psicología no sólo estudia todas las situaciones mencionadas anteriormente, sino mucho más. Es esencialmente el estudio de quiénes somos, no sólo como individuos sino también como especie. Incluye el estudio de lo que hacemos y por qué lo hacemos, junto con lo que nos impulsa y todas las razones de nuestros problemas. La psicología pretende explicar cómo funcionan las emociones y ayudan a los humanos en sus actos y comportamientos. También trata de explicar por qué algunas personas son más susceptibles a la presión y otras no. También trata de explicar la importancia de la empatía.

La psicología existe en diferentes clasificaciones. Algunas se interesan sólo por comprender sus aspectos físicos, mientras que otras se interesan más por su desarrollo. Algunos también se interesan por comprender las divergencias entre el desarrollo psicológico normal y el de los individuos de difícil convivencia. La psicología tiene varias aplicaciones, tanto prácticas como intelectuales.

El aprendizaje de la psicología permite comprender mejor cómo funciona la mente humana y por qué lo hace. También te ayuda a entender por qué ciertas personas se comportan como lo hacen y qué causa sus comportamientos. Le enseñará sobre ciertas tendencias, y aprender sobre ellas hace que sea más fácil ver lo que se puede hacer para evitar un problema o su repetición.

¿Qué Es la Psicología Oscura?

La psicología oscura implica esencialmente el estudio de la psicología de ciertas personas con tipos y rasgos de personalidad específicos. Hay cuatro tipos de personalidad específicos que estudia la psicología oscura, y son los psicópatas, los sádicos, los narcisistas y los maquiavélicos. Estos se encuentran entre los tipos de personalidad más peligrosos con los que se puede encontrar alguien, ya que no tienen reparos en abusar de los demás para conseguir lo que necesitan.

También se puede aprender mucho de estos tipos de personalidad. Puedes emular tácticas similares sin dañar o amenazar a otros aprendiendo sobre sus tácticas comunes. En este libro, se te presentarán diferentes tácticas de manipulación comúnmente utilizadas por las personalidades mencionadas anteriormente y cómo pueden ser utilizadas para lograr lo que deseas, pero sin abusar o dañar a otros.

Un supuesto básico de la psicología oscura es que, incluso cuando los demás se comportan de forma abusiva o utilizan técnicas como el engaño o la manipulación, casi siempre hay una razón para ese comportamiento. Aprender sobre las diferentes técnicas y herramientas que utilizan para ejercer el poder o conseguir el control te dará una idea de cómo las mismas tácticas podrían utilizarse para persuadir o guiar a otros hacia lo que necesites de ellos.

Las tácticas ayudan a influir en los demás centrándose en sus emociones y motivándolos para que hagan lo que tú quieres que hagan. También puedes influir en otra persona accediendo a su mente subconsciente y sugiriendo ciertos comportamientos que consideras deseables. El aprendizaje de la psicología oscura le asegura no sólo saber cómo funcionan los tipos de personalidad perjudiciales mencionados en la sección anterior, sino que también obtendrá información para asegurarte de no ser su próxima víctima.

¿Qué Es la Manipulación y Cómo Funciona?

La manipulación psicológica no es más que una forma de influencia social. Significa que se intenta conseguir uno de los tres objetivos: conformidad, identificación e interiorización. La manipulación te ayudará a conseguir la conformidad para que los demás acepten hacer algo, aunque no crean plenamente en ello. El segundo objetivo es la identificación, en la que se cambian los pensamientos de la otra persona. O el tercer objetivo que puedes conseguir es la interiorización, donde se produce un cambio en el comportamiento o la creencia del sujeto de forma pública y privada.

En pocas palabras, la manipulación es un medio para cambiar los pensamientos, las acciones o ambos de alguien para que se ajusten a lo que el manipulador desea o está fomentando. Normalmente, la manipulación es indirecta, solapada y engañosa. Está diseñada específicamente para cambiar la forma de pensar o de comportarse de un sujeto sin que éste sea consciente de que está sirviendo al manipulador de una forma u otra.

Por lo general, los manipuladores tienen un plan que debe ser abordado, y esa agenda se convierte en un objetivo para cualquier intento de manipulación. Diferentes teorías psicológicas han tratado de explicar cómo funciona la manipulación. El famoso psicólogo George Simon propuso una de las teorías más populares y ampliamente aceptadas.

El concepto de manipulación fue analizado desde el punto de vista del manipulador, y este psicólogo fue capaz de descubrir patrones de comportamiento que resumían cualquier escenario de manipulación. Según Simon, hay tres elementos principales que intervienen en la manipulación psicológica. Veamos ahora cómo funciona la manipulación y sus elementos.

El primer elemento es cuando el manipulador se acerca a su objetivo o sujeto ocultando sus intenciones. El manipulador trata de hacerlos parecer más entrañables para el objetivo sin revelar su plan o motivo final. El manipulador lo consigue modificando su comportamiento y presentándose como alguien con quien el sujeto se relaciona.

El segundo elemento es cuando el manipulador se toma el tiempo de entender al sujeto. El propósito de este paso es determinar las vulnerabilidades psicológicas del sujeto y averiguar la táctica de manipulación que será más eficaz con él. Después de todo, hay diferentes tácticas y técnicas de manipulación que no pueden aplicarse a todos los individuos o escenarios.

Dependiendo del sujeto con el que se trate y del objetivo que se intente alcanzar, la táctica de manipulación cambiará. El éxito de este paso es directamente proporcional al éxito del paso anterior. La manipulación resulta más fácil si el manipulador consigue ocultar sus intenciones y ganarse la confianza del sujeto.

El tercer elemento es el despliegue de una táctica de manipulación después de obtener la información necesaria de los dos primeros pasos. Para que este elemento funcione, el manipulador debe optar por una técnica que pueda tolerar y que no traicione su conciencia.

Esta teoría propuesta por Simon George enseña el enfoque habitual que utilizan los manipuladores para obtener lo que requieren de sus sujetos. Aparte de eso, también nos muestra algo extremadamente importante: cómo funciona la manipulación. La manipulación funciona no sólo por las acciones del manipulador, sino también por las reacciones de sus súbditos. Supongamos que se observan las tres etapas de la manipulación comentadas anteriormente. En ese caso, se dará cuenta de que la manipulación puede fallar en cualquier etapa o punto, siempre que el sujeto se dé cuenta de las intenciones del manipulador. Si el sujeto puede ver a través del velo de la manipulación en cualquier punto, la manipulación fracasará.

¿Es la Psicología Oscura un Mal?

Ahora que ya sabes qué es la psicología oscura y la manipulación y cómo funcionan, es probable que te preguntes si es mala o no. La psicología oscura incluye el estudio de diferentes técnicas que se utilizan para regular cómo se comportan o responden los demás. Las técnicas en sí no son maliciosas, pero depende de su uso.

La psicología oscura suele ser neutra, pero no es segura por las personas que la manejan. Entonces, ¿es mala? La respuesta es que no es mala en absoluto. Por el contrario, es simplemente neutral. No puede ser ni buena ni mala. Por ejemplo, ¿considerarías que la gravedad es buena o mala? Simplemente dirías que es neutral. Cualquier fuerza que no esté respaldada por la voluntad o por algún medio para regularse a sí misma no puede ser etiquetada como perteneciente a la percepción humana del bien o del mal. Sin embargo, esto no significa que sea siempre segura, ni que la psicología oscura no pueda ser utilizada para dañar a otros.

Como se ha mencionado, la psicología oscura por sí misma no es mala. Por el contrario, sólo depende de quienes la utilicen. Un arma por sí misma es inofensiva a menos que caiga en manos de las personas equivocadas. Si alguien utiliza las técnicas de la psicología oscura para algo malvado o cruel, automáticamente toma el mismo color. Esto es un fallo del individuo y de nadie más. Simultáneamente, no significa lo contrario. Sin embargo, es cierto que la psicología oscura también puede utilizarse para ayudarse a sí mismo y a los demás. ¿Sería malo que ayudaras a un ser querido a liberarse de la culpa que está experimentando por una pérdida que sufrió? ¿Es malo ayudar a alguien a superar su ansiedad por enfrentarse a un examen influyendo en él?

Del mismo modo, hipnotizar a alguien para que deje de tener terrores nocturnos no es malo. Sería bastante difícil encontrar a alguien que estuviera de acuerdo en que las cosas mencionadas anteriormente son malas. Aunque sus resultados se hayan conseguido utilizando la psicología oscura, los resultados en sí mismos no son malos, y no dañan a nadie.

En pocas palabras, la psicología oscura no es mala, pero depende totalmente de cómo decidas utilizarla. Puedes acceder a la mente de otra persona una vez que aprendas a utilizarla correctamente. Hay diferentes razones, por lo que el aprendizaje de la psicología oscura es una buena idea. Aquí hay algunas ideas para ayudarte a entender cómo se puede utilizar la psicología oscura.

Alguien que fue víctima de un tipo de personalidad oscura puede querer aprender sobre la psicología oscura para entender mejor a su abusador. Les ayudará a reconocer fácilmente las tácticas manipuladoras y a alejarse de esas personas en el futuro. También les dará una visión inestimable de por qué alguien puede dominar fácilmente su mente y controlarla. A menos que entiendas tus propias vulnerabilidades, no podrás hacerte inmune a problemas similares en el futuro.

Aprender sobre la psicología oscura te equipa con la información necesaria para luchar y no convertirte en una víctima en tu propia vida. Siempre es mejor prevenir que curar. Una vez que aprendas a reconocer e identificar las tácticas de la psicología oscura, protegerte de ella será más fácil. Muchos de los conceptos mencionados en la psicología oscura se basan en la identificación de las vulnerabilidades y, a continuación, el aprovechamiento de ellos para promover sus objetivos. Por lo tanto, aprender sobre ella te da una oportunidad inestimable para fortalecerte y mantener mejores límites.

La psicología oscura, junto con todas las diferentes técnicas que implica, es increíblemente flexible. Las técnicas que se pueden utilizar para poner el mundo de otra persona patas arriba se pueden utilizar para mejorar uno mismo. Desde la construcción de la autoestima y la aplicación de los límites a la reducción de la ansiedad y la construcción de tu confianza, hay mucho que puedes ganar de ella. Desde mejorar la forma en que interactúas con los demás hasta obtener una mejor comprensión de ti mismo, la psicología oscura ofrece muchos beneficios, especialmente en términos de auto-mejora.

Usted puede estar interesado en aprender sobre la psicología oscura porque es curioso. Los seres humanos suelen estar fascinados por todas las cosas que les aterrorizan. Esta es una de las razones por las que el crimen, el thriller y el terror son géneros fascinantes. También puede interesarte aprender cómo funciona una mente malvada.

Capítulo 2

Diferentes Tipos de Manipulación en la Psicología Oscura

Uno de los aspectos más importantes de la psicología oscura es la manipulación. Se refiere esencialmente a cambiar la forma en que un sujeto específico percibe las cosas y se comporta. Los manipuladores utilizan una variedad de tácticas para cambiar la forma en que el sujeto piensa y siente sobre una situación específica. Algunas de las técnicas más comunes son el chantaje emocional y la persuasión para influir en los demás para que hagan su voluntad. Todo esto probablemente suene desagradable a primera vista, pero es más común de lo que la mayoría quisiera creer.

La manipulación está presente en todos los aspectos de la vida; lo más probable es que hayas sido manipulado en algún momento. Los manipuladores pretenden beneficiarse del objeto de su manipulación. A menudo esto se ve como un medio para llevar una vida exitosa. No se trata de poner siempre a los demás en peligro. Por el contrario, se trata simplemente de conseguir que hagan lo que tú quieres que hagan. Por ejemplo, supongamos que tienes que cerrar un negocio increíblemente importante, pero la otra parte no parece estar de tu parte.

En este caso, se necesita un poco de manipulación para conseguirlo. Ya sea tergiversando ligeramente los hechos o jugando con las palabras que se dicen, adelante, hágalo. Incluso los abogados lo hacen la mayoría de las veces. Retorcer la verdad es muy común en esta profesión. No se trata de una mentira descarada. En su lugar, simplemente están convenciendo a los demás para que escuchen su versión de la historia.

Este capítulo le presenta diferentes técnicas que se utilizan comúnmente en la psicología oscura para manipular a los demás.

Mentira

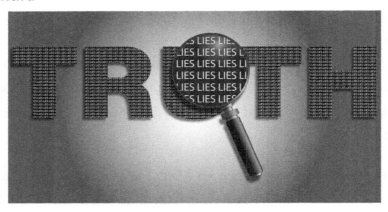

Una de las formas más comunes de manipulación es la mentira. Para ello, los manipuladores suelen crear historias falsas, ofrecer verdades parciales o incluso basarse en exageraciones. De este modo, se oculta al sujeto la verdadera historia o una parte de la misma, lo que hace que se conforme con la historia ofrecida por el manipulador. Las marcas suelen utilizar esta técnica en sus actividades de marketing. Las marcas pueden hacer declaraciones falsas sobre lo increíbles que son sus productos o servicios, aunque no sean ciertas. Estas afirmaciones falsas hacen que la marca parezca automáticamente más creíble y atractiva.

Tergiversar la Verdad

La verdad es algo bastante complicado. A veces, la gente manipula los hechos para que coincidan con sus opiniones o percepciones. Por lo general, los políticos tergiversan la verdad de la manera que mejor se adapte a sus normas, políticas o cualquier propuesta de cambio que quieran introducir. Esta táctica manipuladora justifica las declaraciones realizadas ofreciendo falsas aclaraciones y justificaciones. Las declaraciones se hilan para que sus ideas o puntos de vista queden retratados como ellos quieren que sean vistos o percibidos por los demás.

Retirar el Afecto

Una cosa que todos los humanos anhelan es el amor y el afecto. Nos encanta sentirnos queridos. Nos encanta que los demás nos expresen su afecto. Otro medio eficaz que los manipuladores suelen utilizar para persuadir o convencer a los demás de que hagan su voluntad es retirar o retener ese amor y esa amistad del sujeto. De este modo, el sujeto comienza a desear el amor o el afecto anterior que recibió y cambiará su comportamiento para volver a recibirlo. Esto suele ocurrir en las relaciones románticas cuando uno de los miembros de la pareja no cumple con el otro. Cuando uno de los miembros de la pareja deja de mostrar su afecto o amor, el otro cambia automáticamente sus hábitos y comportamientos de forma que vuelve a ser el receptor del amor anterior.

Bromas Sarcásticas

Los manipuladores también hacen bromas o comentarios sarcásticos sobre su sujeto delante de los demás para mostrar su poder. El manipulador parece automáticamente más poderoso al hacer tales comentarios, especialmente delante de los demás. Como nadie quiere ser el destinatario de ningún comentario negativo o sarcástico, especialmente en público, adoptará los comportamientos que el manipulador desea. Esta sencilla táctica garantiza que el manipulador se salga con la suya y que los demás se pongan en su lugar.

Sensación de Impotencia

Mucha gente suele caer en esta táctica de manipulación. Con esto, los manipuladores hacen que sus sujetos se sientan extremadamente indefensos, especialmente sobre su vida. En tales situaciones, el individuo empezará a sentirse desamparado y no tendrá a nadie más con quien compartir sus problemas. En este caso, el manipulador entra en escena y se presenta como un ayudante para dicho individuo. En cierto modo, el manipulador se aprovecha del sujeto para ayudarle a obtener obediencia o conformidad.

Utilizar la Agresión

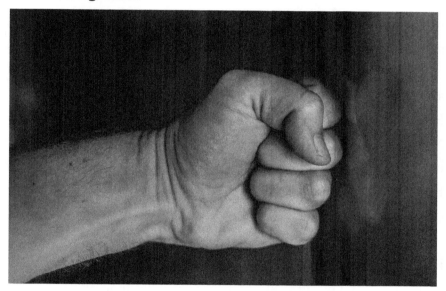

Los manipuladores también utilizan la agresión para obtener el control sobre los demás, con el fin de mostrar su poder o dominio sobre el sujeto. Tanto si se trata de una rabieta como de un arrebato, esta muestra verbal de agresión es suficiente para asustar al sujeto para que cumpla con los deseos del manipulador. En lugar de centrarse en el tema original o en la cuestión, el enfoque principal del sujeto después del arrebato se desplaza hacia la regulación de la ira del manipulador. El manipulador no sólo ha desviado el tema, sino que también ha desplazado el foco de atención hacia lo que él quiere que sea.

Victimización

Los manipuladores también cambian de papeles a veces y se hacen pasar por víctimas para ganarse la empatía o la simpatía de los demás. Al presentarse como víctimas, especialmente frente a la persona de la que quieren simpatía, consiguen lo que desean. Al mostrarse como víctimas, los manipuladores tergiversan los hechos para que su sujeto se sienta automáticamente más inclinado a satisfacer sus necesidades o deseos y les ayude a sentirse mejor. Esta es una tendencia natural que tienen la mayoría de los humanos. No podemos ver sufrir a otra persona, especialmente si se trata de un ser querido. Haremos todo lo posible para aliviar su sufrimiento. Esta es la emoción de la que se aprovechan los manipuladores para dar la vuelta a las cosas según sus deseos.

Fingir Ignorancia

¿Has oído alguna vez el dicho de que la ignorancia es una bendición? Pues bien, ha llegado el momento de ponerlo en práctica para salirse con la suya. En este tipo de manipulación, el manipulador no deja que el sujeto sepa lo que quiere o desea. En su lugar, el manipulador fingirá que está ignorando a dicho individuo. Esto se hace para cambiar la atención del individuo de lo que se centra en el manipulador. Al ignorar a la otra persona o darle la espalda, el receptor se centra automáticamente en complacer al manipulador.

Chantaje Emocional

Otra técnica utilizada por los manipuladores para dominar a sus súbditos y obtener su conformidad u obediencia es el chantaje emocional. Con esta técnica, el manipulador influye en el sujeto jugando con sus emociones. Por ejemplo, supongamos que estás emocionado por una cena de aniversario que llevas meses planeando. Cuando llega el momento, tu pareja recibe una llamada de trabajo y le llaman para que se vaya. Antes de que se vaya, le dices algo como: "He trabajado mucho en la planificación de este día. Me siento mal porque te estás priorizando egoístamente, y es injusto". Este es un simple ejemplo de cómo la culpa puede hacer que los demás cumplan tus deseos.

Muestra de Empatía

La empatía es el mejor medio para ganarse la confianza de otra persona o construir su relación con ella. Normalmente, tendemos a

19

buscar a aquellos que sean empáticos con nosotros cuando nos enfrentamos a un problema o a un reto. Puedes salirte con la tuya mostrando empatía porque ayuda a bajar la guardia de tu interlocutor. Cuando saben que eres empático con ellos, su disposición a abrirse aumenta. Esto, a su vez, hace que sea más fácil influir en ellos. Los manipuladores utilizan esta increíble táctica para obtener la conformidad sin hacer nada, sino simplemente manteniendo la calma y el sonido.

Refuerzo Positivo

¿A quién no le gusta recibir regalos? ¿A quién no le gustaría recibir una lluvia de amor? Los regalos, los obsequios y el afecto se consideran signos de amor. La forma de pensar sobre alguien cambia automáticamente cuando recibes un regalo de esa persona. Cambia tus patrones de pensamiento sobre ellos de forma positiva. Esta técnica se conoce como refuerzo positivo.

Ya sean regalos, dinero, afecto o incluso algo que le guste a la otra persona, dáselo y verás cómo cambia lo que siente por ti. Por ejemplo, los padres pueden regalar a sus hijos una videoconsola porque han sacado buenas notas en los últimos exámenes. Cada vez que el niño saca buenas notas, sus padres le hacen un regalo. Con el tiempo, el niño se forma automáticamente la idea de que, si saca buenas notas, recibirá una recompensa. La recompensa actúa como motivación para mejorar en la escuela. Así funciona el refuerzo positivo. Esta táctica puede utilizarse en cualquier relación.

Minimización

Otra táctica comúnmente utilizada para minimizar el efecto de las palabras o comportamientos del manipulador se conoce como minimización. En esta manipulación, el manipulador convence al sujeto de que lo que dijo o hizo no fue tan malo o dañino como el sujeto lo percibió. En su lugar, el manipulador simplemente afirma que lo que el sujeto dice es el resultado de una imaginación hiperactiva y no es más que una exageración. Cuando esto se presenta como un argumento razonable, resulta más fácil convencer al sujeto de que lo que el manipulador dice o hace no es tan malo como parece creer.

Capítulo 3

Aprender a Influir en los Demás

Su capacidad para llevarse bien con los demás garantiza el éxito en cualquier actividad. Por ejemplo, a menos que sepas comunicarte con eficacia y paciencia, no podrás destacar en tu trabajo si éste implica la dirección de un equipo o cualquier otra forma de dependencia mutua. Aprender a influir en los demás es una habilidad inestimable, ya sea en el ámbito social, en el trabajo o en la familia. Es posible que haya oído el término "rapport", pero ¿sabe lo que significa? En esencia, se refiere a un mecanismo de comunicación interpersonal que garantiza que ésta siga un curso normal y favorezca la productividad.

Compartir una buena relación con alguien crea las condiciones ideales para un intercambio eficaz y eficiente de opiniones y pensamientos. Esto es necesario en las entrevistas, las consultas, el comercio o cualquier otra forma de desarrollo de relaciones activas.

La forma de comunicarse no se limita a los gestos o al contenido de las palabras pronunciadas. Implica una interacción más compleja que no siempre es perceptible. Hay casos en los que parece que la relación se establece por sí sola. En estos casos, la fórmula del éxito es una buena combinación de diferentes características. Si encuentras al instante un lenguaje común con la otra persona, es que estás intentando comunicarte con ella.

Lo contrario también es bastante cierto. Eso se conoce como una mala combinación de caracteres. En tales situaciones, alejarse de esa persona puede ser lo que se desea, pero no siempre es así. Esto es especialmente cierto cuando se trata de relaciones inevitables, como las familiares o las laborales. Entonces, ¿qué puede hacer en esas situaciones? En lugar de perder relaciones potencialmente beneficiosas, debes buscar una salida a esta situación.

Aquí es donde entra en escena la psicología oscura. Automáticamente tendrás más poder sobre la relación y los resultados obtenidos si te comunicas eficazmente. Puedes disfrutar de la compenetración natural y aprender a mantenerla y valorarla sin sentir que hay que mejorarla. En situaciones en las que la compenetración no se produce de forma natural, un poco de psicología oscura facilita la creación de las circunstancias idóneas para la compenetración necesaria.

Si quieres tener éxito, es necesario que tengas la capacidad de convencer a los demás para que vean la viabilidad de una idea o perspectiva. Tanto si se trata de influir o persuadir a alguien para que lo vea como si se trata de influir para lograr un cambio concreto, se necesitan habilidades de convencimiento. La capacidad de influir en los demás y de comunicarse mejor para mejorar su capacidad de éxito pasa por saber cómo establecer una relación. Además, la probabilidad de que alguien escuche tus opiniones y apoye tu punto de vista aumenta cuando tienes una buena relación. La mejor manera de hacerlo es siguiendo las diferentes sugerencias de este capítulo.

Un Poco de Ajuste

Nos sentimos naturalmente atraídos por las personas que son como nosotros. Por eso se dice que los pájaros de un mismo plumaje se juntan. Cuando las personas son similares a nosotros, resulta más fácil comunicarse con ellas y, al mismo tiempo, también les gustará por la misma razón. Cuando hay una relación entre dos individuos, se comportan de forma similar de una forma u otra.

Ahora vamos a mostrarte cómo crear una buena sintonía. Las técnicas de sintonía más sencillas que se tratan en esta acción pueden aplicarse en un par de minutos. Sin embargo, las demás técnicas que se tratan en las secciones siguientes requieren más esfuerzo, práctica y paciencia.

Para mejorar su capacidad de crear rapport, el primer paso es determinar cuándo se produce y cuándo desaparece. Tendrás que trabajar en el desarrollo de la receptividad o sensibilidad a lo que te ocurre a ti y a los que te rodean. En la programación neurolingüística, estas habilidades suelen denominarse competencia inconsciente. Algunos la utilizan con facilidad natural, así como con perfección.

La base de la comunicación habitual es una de esas habilidades, y parece sencilla a primera vista. Estos trucos se utilizan habitualmente durante las consultas o en cualquier otro ámbito de la comunicación interpersonal. Dominar las habilidades blandas puede parecer un trabajo duro que requiere mucha concentración, pero la competencia inconsciente en cualquier campo surge de forma natural con la experiencia. Esta es una de las razones por las que se requiere un esfuerzo más consciente durante las etapas iniciales del aprendizaje de la conducción que cuando uno se siente cómodo con la habilidad. Habrá ocasiones en las que simplemente necesites subirte al coche y llegar a tu destino sin ni siquiera prestar conscientemente atención a lo que estás haciendo. Si quieres conseguir una compenetración sostenible, primero debes practicarla.

Entender cuándo instalas el rapport te permite elegir el mejor comportamiento o el más apropiado para construirlo. No necesitas depender de habilidades inconscientes y puedes entrar en comunicación por tu propia voluntad. Al igual que cuando aprendes a conducir un coche, acabas llegando a una etapa en la que filtras las habilidades incorrectas y te equipas con las correctas.

Lo mismo ocurre cuando aprendes a dominar tus habilidades de comunicación. A veces, puede parecer que no tienes habilidades o que no puedes dominarlas, pero el resultado global mostrará que cuanto más aprendes, más eficaces son las técnicas.

Aprender a establecer una relación de comunicación es una habilidad que no sólo resulta útil en tu ámbito profesional, sino para alcanzar cualquiera de tus objetivos, especialmente cuando están relacionados con la comunicación. El secreto para lograrlo consiste en afinar. Si te adaptas a las diferentes circunstancias, podrás establecer una buena relación.

El ajuste puede ser fisiológico en relación con tu lenguaje de voz y tu forma de pensar, tus valores y creencias, tu respiración e incluso tu experiencia personal. Los ajustes fisiológicos que podemos hacer están relacionados con la postura y el movimiento del cuerpo. En cambio, los asociados a tu voz están en función del ritmo con el que hablas, el tono y otras características de la voz.

Crear una Buena Relación

En la sección anterior, se le presentaron los diferentes tipos de ajustes que se pueden hacer para crear una buena relación. En la sección siguiente, aprenderás más sobre cada uno de ellos en detalle para aplicarlos a tu vida y conversaciones diarias. Sin embargo, hay algunas cuestiones básicas de ajuste que debes comprender antes de poder seguir adelante y realizar cualquiera de los ajustes mencionados.

Lo primero que debes recordar es que siempre debes ser respetuoso y tener tacto con la persona con la que te comunicas. Esto significa que no debes cambiar drásticamente tu postura ni copiar los gestos de la otra persona. Los cambios que hagas deben ser graduales y discretos. Significa que no debes llamar la atención sobre tu lenguaje corporal. Por el contrario, tienes que hacer cambios para que la otra persona pueda construir inconscientemente una relación contigo.

De lo contrario, podrías insultarles o ridiculizarles sin saberlo, lo que acabaría con cualquier relación antes de que se establezca. Al establecer esta relación, tienes que controlar tus acciones al principio; después de un tiempo, te resultará natural. Además, al hacer estos ajustes, hay que hacerlo con respeto. La idea es no faltar al respeto a la otra persona. Si acabas haciéndolo, nunca habrá compenetración.

El segundo aspecto en el que debes centrarte es asegurarte de que eres consciente de tu postura corporal. Tenemos una forma única de ponernos de pie y sentarnos y utilizamos una gran variedad de gestos. A veces, habrá un pequeño inconveniente, sobre todo cuando se trata de cambiar algo que te sale de forma natural. Mientras te reajustas, la persona con la que hablas puede darse cuenta. También habrá ocasiones en las que desviarse de tu postura o gesto habitual no sea prácticamente posible.

Cuando tratas con alguien que no conoces, ocultar un comportamiento que no es típico de ti resulta más fácil. Sin embargo, si alguien te conoce lo suficiente, se dará cuenta si cambias drásticamente o incluso sutilmente tu lenguaje corporal. Esto, por sí mismo, destruirá la compenetración que ya se haya establecido. Por lo tanto, debes permanecer en tu zona de confort mientras te adaptas para que no parezca forzado o poco sincero.

Prestar Atención a la Fisiología

¿Has visto alguna vez a dos mejores amigos hablando entre ellos? Cuando los miras de cerca, te das cuenta de que el lenguaje corporal y las posturas son bastante similares mientras hablan. Incluso si observa a dos individuos que están profundamente absortos en una conversación, se dará cuenta de que las siluetas a menudo se reflejan o son un espejo de la otra. Esta similitud se produce no sólo en las posturas corporales generales, sino también en los gestos y manierismos. Dos personas pueden estar sentadas una frente a la otra, con los brazos cruzados o las manos cerradas detrás de la cabeza, sin siquiera darse cuenta. Esta imitación suele producirse de forma natural y sin ningún pensamiento consciente.

Una vez que se ha establecido una relación, su interés se centrará en la persona con la que está hablando. El contenido de la conversación no depende de ninguna señal o indicio externo. En su lugar, el propio ajuste fisiológico básico sirve como prueba de la compenetración que se ha establecido. Esto significa que la compenetración también puede medirse o calibrarse.

Los ajustes fisiológicos no sólo sirven para medir la compenetración, sino también para crearla. Presta atención a su lenguaje corporal y siéntate o ponte en posición cambiando tu postura. Si suelen mover la cabeza de un lado a otro mientras hablan, repite el movimiento. Del mismo modo, puedes mantener los brazos o las piernas cruzados o libres. Asimismo, intente repetir los gestos indicados junto con los movimientos de las manos o del cuerpo y la cabeza. Una vez más, recuerda que cualquiera de los ajustes fisiológicos que realices debe parecer natural sin que parezca artificial o forzado.

Es Necesario un Ajuste Parcial

Los ajustes deben parecer naturales y suelen llevarse a cabo en una secuencia. No hay que repetir o imitar instantáneamente el lenguaje corporal de la persona con la que se habla. De hecho, hacer esto es una de las formas más obvias de informar a los demás de que les estás copiando.

En su lugar, empieza con un ajuste específico y pasa a otros. Puede ser algo tan sencillo como cruzar las piernas porque ellos hacen lo mismo o ajustar el volumen o el tono de tu voz para estar en sintonía con la suya. El ajuste es un proceso continuo y no es una acción única. Significa que, una vez que adquieras experiencia y desarrolles tus habilidades, podrás llevar a cabo diferentes experimentos para determinar el grado de ajustes parciales necesarios para crear una mejor relación.

Si, en algún momento, parece que la persona con la que hablas ha optado por una postura que no es fácil de copiar o imitar, entonces tienes que ajustar parcialmente tu posición corporal. A veces, no hay que copiar totalmente a la persona con la que se habla. En cambio, después de establecer una relación satisfactoria, debes mantenerla.

También habrá casos en los que la fisiología de la persona a la que te diriges es demasiado inusual y no puedes hacer ningún cambio por tu cuenta sin que ella se dé cuenta. O su lenguaje corporal está directamente relacionado con la creciente intensidad de las emociones que está experimentando. Lo mejor que puedes hacer en todos estos casos es prestar atención a sus expresiones faciales.

Utilizamos nuestras expresiones faciales para transmitir o añadir más significado a lo que ya estamos expresando. Ya sea levantando las cejas, poniendo los ojos en blanco, despegando los labios o cualquier otra cosa, cada expresión facial transmite un significado específico. Si la persona con la que hablas utiliza activamente las expresiones faciales, mantener una cara de póquer mientras te comunicas no es una opción para ella.

Además, esperamos intrínsecamente que nuestras expresiones faciales coincidan con las de nuestro interlocutor. Intenta responder con expresiones faciales similares a las de la persona con la que te comunicas. Sin embargo, evite algo que le resulte demasiado antinatural o que se salga de su zona de confort. En su lugar, busca otros pequeños ajustes que se puedan hacer.

Por ejemplo, si la persona con la que hablas suele cruzar los brazos sobre el pecho, puedes cruzar las piernas o viceversa. Quizá puedas juntar las palmas de las manos si ellos unen sus dedos. Arrastra los pies cuando ellos se frotan las manos. En estos casos, no intentas replicar todo lo que hace tu interlocutor. En cambio, la idea es reorganizar tu fisiología para que coincida con la suya.

A la hora de afinar los ajustes fisiológicos que tienes que hacer, debes prestar atención a la posición de la persona con la que hablas en relación con los demás. Por ejemplo, si están sentados en una silla opuesta a la tuya, es más fácil ajustarse porque están justo delante de ti. Si se sientan a tu lado y miran en la misma dirección, puedes ajustarte para coincidir con su lenguaje corporal en pequeños detalles. En estos casos, colócate de forma que puedas seguir mirando en la misma dirección y mantener el contacto visual.

Ajustar la Voz

Cuando no se puede ver al interlocutor o a la persona con la que se comunica, como ocurre en una conversación telefónica, los ajustes fisiológicos no sólo son difíciles sino imposibles de realizar. Sin embargo, también puedes reajustar el tono y el timbre de tu voz para transmitir tu mensaje. La forma de hablar, incluidos el tono y el timbre, tiene un efecto mayor en el oyente que las palabras pronunciadas.

Cuanto más altos sean los parámetros que tengas en cuenta al afinar, más efectiva será la compenetración que crees. Esto significa que primero hay que intentar comprender a la persona con la que se habla y luego adaptarse según sus acciones y palabras en todos los ámbitos con respeto.

Algunas características sencillas a las que deberías empezar a prestar atención en cuanto a la voz son el volumen, el timbre, el ritmo, el tempo, la entonación y la pronunciación. ¿Habla la otra persona en voz alta o en voz baja? ¿Existe una melodía específica en su forma de hablar, o pronuncia las palabras con un ritmo entrecortado o a trompicones? ¿Tiene la voz alta o baja? ¿Su voz es ronca o chillona? ¿Hay algún sentimiento específico que destaque con su voz? ¿Utiliza alguna palabra o expresión específica?

Una vez más, tienes que empezar por adaptarte a una sola característica y luego, con la experiencia, puedes intentar adaptarte a otras. Mientras haces esto, no olvides la idea principal del contenido de la conversación en sí. Construir la compenetración es como una danza. Los cambios deben hacerse de forma natural y sin que la otra persona se dé cuenta. Parecerá forzado y poco natural si te alejas de tu zona de confort.

No imites el dialecto, la pronunciación o las peculiaridades de la dicción de otra persona. Esto puede hacer que la otra persona piense que te estás burlando de ella, así que no es algo que debas hacer. En su lugar, simplemente intenta adaptarte al nivel general de la conversación y al estilo en la medida de lo posible sin que sea evidente.

Capítulo 4

El Arte de la Persuasión

Todos queremos conseguir cosas diferentes en la vida y tenemos objetivos diversos. En la mayoría de los casos, hay que persuadir a alguien para que haga su voluntad. Sin embargo, la gente no lo hará a menos que los convenzas de una manera que les haga imposible negarse. El arte de convencer a alguien no es tan fácil como decir un par de palabras mágicas. Por el contrario, requiere mucho trabajo.

Manipular a la gente para que haga lo que quieres no es eficaz de forma permanente porque sólo puedes manipularla hasta que se dé cuenta. Si esto ocurre, empezarán a alejarse y todos tus esfuerzos se desmoronarán uno a uno.

Puedes obtener los mismos resultados con menos resistencia una vez que aprendas a convencerlos. Convencer a los demás ayuda a que cambien de manera que coincidan con tus ideas o a que cambien de opinión, para que estén de acuerdo contigo. Tienes que aprender a presentar tus ideas y peticiones de una forma que les resulte atractiva y ver cómo tu objetivo pica el anzuelo. El resultado que obtendrás al dominar el arte de persuadir a los demás te dejará boquiabierto. He aquí algunos consejos que puedes utilizar para mejorar tus posibilidades de éxito utilizando la persuasión.

Estructurar la Petición

Si quieres que alguien acepte inmediatamente tu petición o haga tu oferta, tienes que exponerlo adecuadamente y explicarlo. Por eso, la forma de estructurar una solicitud específica es muy importante. Entiende que estructurar la petición no es lo mismo que halagar a la persona a la que va dirigida. Si necesitas algo de ellos, no te vayas por las ramas sin ir al grano. Tienes que hacer la petición sin que sea evidente que estás intentando conseguir algo de ellos. Si empiezas a halagar a la otra persona, todo lo que digas parecerá deshonesto. Esto no le llevará a ninguna parte.

Supongamos que has recibido una invitación para asistir a un evento formal y que tienes que llevar una cita contigo. Hay una persona que quieres que te acompañe al evento, pero has perdido el contacto con ella y ha pasado un tiempo.

En este caso, hay tres cosas que no van a funcionar. No tiene sentido que te dediques a halagar en exceso a esa persona para que te vuelva a gustar. Tampoco sirve de nada poner excusas de por qué no has estado en contacto o cualquier otra cosa por el estilo. Y, por último, evita entrar en excesivos detalles sobre lo emocionante o agradable que crees que será el evento.

En su lugar, redacta inteligentemente la solicitud para que estos elementos se incluyan sin que sean excesivos u obvios. Puedes empezar diciendo que los echas de menos, indicar el propósito y, a continuación, decir lo que te gusta de ellos. Haz que todo esto parezca lo más honesto posible. Si todo lo que hace es limitarse a las galanterías y los halagos, no servirá de nada porque las posibilidades de que su petición sea denegada son bastante altas. El simple hecho de estructurar tu petición para que suene sincera aumenta automáticamente las posibilidades de conseguir que la otra persona te escuche. Esto ocurre cuando das a conocer tus intenciones. Por lo tanto, presta atención a cómo está estructurada la petición si quieres algo de los demás.

Déjalos Hablar

¿Te has encontrado alguna vez en una situación en la que te obligaron a hacer algo porque otra persona se impuso a tus opiniones? ¿Hiciste algo porque te obligaron y no viste una salida? Nadie sería feliz haciendo cosas así. Incluso si lo hiciste, probablemente lo hiciste porque te coaccionaron u obligaron a hacerlo. Cualquier desacuerdo de este tipo se produce debido a un desacuerdo básico en nuestras creencias. Si has pasado por una experiencia como la descrita en esta sección, es probable que estés resentido con ella y con ellos por obligarte a hacerlo.

Tanto si se trata de una reunión ajetreada como de una fiesta a la que no querías asistir, el hecho de que te obliguen a hacer cosas que no quieres da lugar a un resentimiento, incluso si la otra persona cumple, y es poco probable que acceda a tus peticiones en el futuro. En su lugar, debes cambiar de táctica y optar por un método más eficaz. Este método también es bastante sencillo.

¿Te preguntas en qué consiste? No es más que escuchar lo que dicen los demás. Cuando escuchas lo que dicen y no ignoras, faltas al respeto o pasas por encima de su opinión, automáticamente serán más comprensivos cuando estés hablando. Estarán más dispuestos a escuchar tus ideas.

Si no les escuchas, ¿por qué deberían escucharte a ti? Esta es la idea básica de la reciprocidad. Así pues, conviértete en un buen oyente si quieres que los demás te escuchen. Tienes que aprender a intervenir y expresar tu opinión tan pronto como una persona haya terminado lo que dice. No olvides reconocer primero su opinión si quieres que la tuya sea reconocida.

Ayuda al Razonamiento

¿Ha oído alguna vez la frase de combatir el fuego con fuego? Esto es muy cierto cuando se trata de persuadir a los demás. Cuando intentas persuadir a otros tomando prestado su tipo de razonamiento, hace que lo que digas sea más efectivo. En lugar de adoptar un enfoque completamente diferente, intenta utilizar una forma o técnica similar a la de la otra persona.

Por ejemplo, si ellos utilizan la lógica, tú también debes usarla. Debes sintonizar con un argumento emocional si lo que dicen proviene de un lugar emocional. Si no estás seguro de hacia dónde se inclina el argumento de la otra persona, presta un poco de atención a sus palabras y lo sabrás. Por ejemplo, cuando se trata de un razonamiento lógico, inconscientemente utilizamos u optamos por palabras como pensar, compilar, calcular, encontrar, revelar, determinar, concluir, analizar y calibrar.

Por otro lado, las palabras que suelen asociarse al razonamiento emocional son creer, sospechar, imaginar, suponer, adivinar y sentir.

Presentar un Contra Argumento

Si intentas convencer a alguien de que haga algo, siempre debes tener un contraargumento. Asegúrate de tenerlo preparado antes de intentar persuadirle de cualquier forma. Esto se debe a que todos somos diferentes y, por tanto, tendremos ideas y opiniones distintas. No te limites a presentar ideas que favorezcan a tu bando, sino que crea otras con las que les resulte fácil relacionarse, aunque estén en contra de tu idea.

Aunque parezca contraproducente, los argumentos de dos caras suelen ser más eficaces que los de una sola. Esto significa que tus posibilidades de convencer a los demás son mayores cuando tu argumento incluye opiniones de ambas partes. Esto también muestra a la otra persona que estás pensando desde su perspectiva, no sólo la tuya. Te hace parecer más razonable.

Comprende que presentar un contraargumento no es sinónimo de apoyar el punto de vista de los demás. El secreto es presentar con éxito un contraargumento contra ellos. Si no, acabarás apoyándolos y todo el debate estará perdido. Por ejemplo, supongamos que estás tratando de comercializar brochas de maquillaje a un cliente potencial que está interesado en comprar brochas de maquillaje.

Diciendo: "Este paquete de maquillaje no incluye brochas individuales, y sé que es algo que no le interesaría realmente". Al decir esto, no sólo estás siendo directa y honesta sobre el producto, sino que también estás considerando algo que al cliente le interesa. Has mencionado esta información básica incluso cuando no te favorece, lo que te hace parecer creíble. Sin embargo, tendrás que seguir con información a tu favor y cerrar el trato después de decir el contraargumento.

Así que, adelante, "Aunque este producto no viene con cepillos individuales, tenemos una línea separada de increíbles cremas limpiadoras y exfoliantes faciales. Como las cremas son fáciles de aplicar, no necesitan un cepillo para hacerlo". Como has empezado por ganarte su confianza, cualquier explicación que des les impactará mejor, y las posibilidades de que te escuchen también aumentan. Ayuda a acercar tu perspectiva a ellos sin ponerlos a la defensiva. Empieza exponiendo tu idea junto con un contraargumento y luego, tras ganarte su confianza, desmonta el contraargumento. Y, por último, levanta la bandera del bando en el que estás, y ellos te seguirán.

Ajustar la Velocidad del Discurso

¿Has oído alguna vez a un vendedor hablar muy rápido? ¿Por qué lo hacen? En la mayoría de los casos, hablar rápido ayuda a realizar el trabajo, pero en algunas situaciones no es así. Una cosa importante que debes recordar cuando se trata de persuadir a los demás es que debes ajustar tu velocidad al hablar dependiendo de la audiencia. Si crees que la persona a la que intentas persuadir no estará de acuerdo con lo que dices, hablar rápido te ayudará.

Habla despacio si crees que te escucharán y harán lo que tú quieras. La razón por la que estas técnicas funcionan es increíblemente sencilla. Empieza a hablar rápido cuando sepas que alguien no estará de acuerdo con lo que dices. Esto no les da mucho tiempo para procesar lo que estás diciendo o para presentar un contraargumento. Esto les deja vulnerables y hace que sea más fácil causar la impresión necesaria en ellos. Como el tiempo de procesamiento es limitado, tienes una ventana para convencerles de que hagan lo que quieres.

Si crees que es probable que estén de acuerdo, empieza a hablar despacio. Esto les da tiempo suficiente para evaluar los argumentos que estás exponiendo e incluso para que se les ocurran algunos argumentos de apoyo. Por tanto, ajusta la velocidad de tu discurso en función de con quién estés tratando y de lo que intentes conseguir.

Utilizar los Principios de la Persuasión

¿Alguna vez has mirado a algunas personas y te has preguntado cómo pueden influir en los demás y conseguir que hagan lo que quieren? Ya sea tu actor favorito vendiendo un producto o los vendedores que influyen en las masas, ¿cómo lo hacen? Probablemente parezca que sólo unos pocos afortunados tienen este superpoder. Sin embargo, la buena noticia es que cualquiera puede aprender a mejorar esta habilidad. En esta sección, se le presentarán algunos principios sencillos que le facilitarán la tarea de persuadir a los demás para que hagan su voluntad e influyan en ellos.

Reciprocidad

El primer principio que funciona de forma brillante es la reciprocidad. Este principio funciona esencialmente en la línea de "tú me rascas la espalda y yo te rasco la tuya". Se refiere a un tipo de conducta o comportamiento que beneficia a todas las partes implicadas en la ecuación. Es uno de los rasgos inherentes que poseen todos los humanos. También es la razón por la que las posibilidades de que alguien acceda a tu petición aumentan drásticamente cuando haces algo por ellos antes de presentar la petición. La expresión latina quid pro quo resume perfectamente la idea de reciprocidad. Esta expresión significa esencialmente algo a cambio de algo. Supongamos que sales a comer con un amigo y pagas la comida. Automáticamente se produce una situación en la que ya le has hecho un favor. Por el principio de reciprocidad, la disposición de dicho amigo a pagar la cuenta la próxima vez aumenta. Por tanto, hacer un regalo, un servicio o incluso un comportamiento concreto aumenta las posibilidades de influir en los demás y hacer que te correspondan. Esto se debe a que se sienten automáticamente obligados. Aprovecha este sentimiento para hacer que cumplan tus deseos.

Validación Social

En la mayoría de los casos, la forma de pensar y sentir suele depender de las señales que recibimos de los demás, especialmente de nuestros compañeros. Cuando nos gusta alguien o tenemos opiniones similares, nuestro comportamiento también puede verse influido por el de la otra persona. ¿Has oído alguna vez la frase "el mono ve, el mono hace"? Así es más o menos el principio de influir

40

en los demás basándose en la validación social. La mayoría de nosotros somos imitadores, y sólo una pequeña parte de los humanos son iniciadores. Por lo tanto, no es sorprendente que la mayoría de nosotros hagamos cosas cuando vemos que otros las hacen. Este es también un rasgo de comportamiento común que utilizan los vendedores y anunciantes.

Por ejemplo, las redes sociales ofrecen sugerencias sobre diferentes eventos en páginas en las que alguno de tus amigos o seguidores ha mostrado su interés. Esta es también la razón por la que el concepto de influenciadores de Instagram se ha convertido en un gran negocio en estos días. Aun así, no sabes que estas personas acudirán, y saber que tu influencer favorito utiliza una marca concreta hace que dicha marca sea automáticamente más atractiva. Este principio de influencia también se aplica a las compras en línea. Por ejemplo, si vas a comprar un libro concreto, es posible que leas las reseñas de otros lectores. Si ha recibido o no buenas críticas, la decisión de comprar un libro cambiará.

Consistencia

El principio de coherencia significa que todos tenemos un deseo inherente de asegurarnos de que nuestras creencias y comportamientos son coherentes con nuestros valores y la imagen que tenemos de nosotros mismos. Esto se debe a que a todos nos gusta ser compatibles con las cosas que hemos dicho o hecho anteriormente. La coherencia entra en escena siempre que se busca o se pide cualquier pequeño compromiso. Esto se basa en la influencia de cualquier compromiso voluntario y público, y la necesidad o el deseo inherente de adherirse a algo con lo que te sientes conectado o cómodo aumenta automáticamente.

La primera parte de este principio consiste en comprometerse activamente. Las palabras que se pronuncian garantizan aquí una implicación. Por ejemplo, las posibilidades de hacer algo aumentan si se dice en presencia de un público. Por tanto, el siguiente aspecto de este principio es asegurarse de que la otra persona se comprometa, y dicho compromiso debe hacerse público. Cuando alguien es testigo del compromiso asumido, se establece automáticamente un sentido de responsabilidad.

A nadie le gusta devolver su palabra, sobre todo cuando sabe que otros son testigos de ello. El siguiente principio de coherencia es que el compromiso debe ser voluntario. No se puede obligar a alguien a que se comprometa públicamente. Incluso si lo consigues, no lo seguirán si fueron coaccionados o forzados. Por eso el compromiso debe venir de ellos. Cuando uno se compromete voluntariamente en público, aumenta el impulso de seguirlo. Si has visitado a un médico, es posible que hayas recibido un formulario para una cita de seguimiento. Rellenar y enviar este formulario aumenta automáticamente sus posibilidades de acudir a la cita. Este es un ejemplo sencillo de cómo se puede aplicar el principio en la práctica. Si quieres que alguien haga algo, asegúrate de que se comprometa públicamente de forma voluntaria. Conseguir que hagan lo que usted quiere es más fácil una vez que lo hacen.

Me Gusta

¿Has tenido alguna vez problemas y has acudido a tus seres queridos para que te ayuden o te aconsejen? ¿Es probable que escuches sus consejos o los de alguien que no conoces? ¿Por qué preferirías el consejo de tu amigo en comparación con el de un desconocido? Porque nuestra disposición a escuchar a los que queremos es mayor. Además, las posibilidades de seguir los consejos recibidos de ellos son mayores. Esta es una de las razones por las que las recomendaciones personales, así como la publicidad de boca en boca, funcionan bien. Cuando se establece una relación con alguien y se descubre que comparten intereses comunes, aumenta la capacidad de persuasión e influencia. Se trata de un concepto increíblemente sencillo y que funciona bastante bien.

Uno de los medios más eficaces para establecer una relación es centrarse en las aficiones o los intereses compartidos. Esto le proporciona una forma sólida de iniciar una conversación con alguien y conectar con él. Puedes hacerlo aprendiendo a observar a los demás. Puedes descubrir temas o intereses que te ayuden a encontrar el tan necesario terreno común. Aparte de esto, ofrecer cumplidos genuinos o aprecio también funciona bien. Asegúrate de que los cumplidos que ofrezcas no parezcan falsos y no te excedas con ellos. Si parece que estás diciendo cosas simplemente porque tienes que hacerlo o estás diciendo cumplidos en los que no crees, te hace parecer un adulador, y la gente se dará cuenta tarde o temprano. La adulación rara vez te hará conseguir lo que deseas.

Autoridad

La probabilidad de que los demás te hagan caso aumenta cuando estás en una posición de autoridad. ¿Has hecho alguna vez algo que te ha pedido un médico? ¿Sientes automáticamente una sensación de confianza cuando ves a una persona con uniforme? Esto se debe a que el uniforme transmite autoridad. ¿Te has dado cuenta de que los demás están más dispuestos a escucharte cuando creen que eres un experto en el tema del que hablas? Esto se debe a que creemos que los expertos tienen los conocimientos necesarios para tomar las decisiones correctas que otros tardarían en tomar por sí mismos. Una vez que has establecido tu credibilidad como autoridad o experto, tu capacidad de influir en los que te rodean aumenta. La mayoría pierde esta oportunidad porque asume que puede obtener fácilmente los conocimientos necesarios por sí mismo. Otro error que no debes cometer es que nunca debes dejar espacio para la interpretación porque puede ser fácilmente pasado por alto. Hay diferentes formas de establecer su credibilidad. La forma más sencilla es obtener las credenciales necesarias en forma de certificados, títulos o diplomas. Cuando se muestran las credenciales, los demás creen automáticamente que eres un experto. Esta es una razón común por la que los médicos y los abogados muestran sus credenciales en sus oficinas. Ayuda a reafirmar su autoridad. Otro medio increíble y sencillo para conseguirlo es repetir la información necesaria siempre que estés conversando con alguien. Tu experiencia no tiene por qué ser algo que los demás conozcan siempre. No lo dé por supuesto. En su lugar, introdúzcalo en las conversaciones. Una parte importante de la población humana está formada por seguidores. Estos seguidores suelen buscar líderes. Si tienes un nicho bien definido, convertirte en una autoridad es fácil.

Escasez

La escasez hace que las cosas parezcan automáticamente más valiosas. La demanda y la oferta hacen que todas las cosas con una oferta limitada parezcan más valiosas. Recuerda que cuanto mayor sea el valor de un producto, mayor será la demanda. Este principio de la economía puede utilizarse para influir y persuadir a los demás. Los propietarios de negocios y los puestos de venta suelen emplearlo para ofrecer ofertas por tiempo limitado u ofertas únicas que automáticamente hacen que sus productos parezcan más atractivos para el público al que van dirigidos. La escasez puede crearse y no tiene por qué ser natural. Se trata simplemente de cómo se presenta una idea concreta. Crea una sensación de urgencia que alguien se perderá si no actúa inmediatamente. En lugar de hablar de lo valioso que es algo, dígales lo que perderán si no lo tienen. La escasez también hace que las cosas parezcan más exclusivas. Intrínsecamente, los humanos creen que cuanto más exclusivo es algo, más precioso y prestigioso es. Utilizando estos principios, puedes conseguir rápidamente que los demás hagan tu voluntad jugando con su psicología.

Capítulo 5

No Dude en Exponer
Tus Puntos de Vistas

Las relaciones desempeñan un papel importante en la existencia humana. Que estas relaciones se mantengan fuertes o se desmoronen depende de tu capacidad para expresar bien tus sentimientos a quienes te rodean. Tienes ciertas necesidades que satisfacer y emociones que abordar. Tu capacidad para expresarte determina esencialmente que tengas éxito y resuelvas cualquiera de los problemas a los que te enfrentas.

Por ejemplo, supongamos que quieres que tu pareja empiece a pasar más tiempo contigo. Puedes decirles que nunca han pasado el tiempo necesario contigo o expresar las palabras necesarias de forma diferente. Las posibilidades de que responda favorablemente son bastante bajas si utilizas el primer método, mientras que aumentan significativamente en el segundo.

Si te expresas de forma desagradable, alejarás a la gente y otros no se sentirán atraídos por ti. También estarán más que dispuestos a ayudarte y a cumplir con las peticiones que les hagas si te expresas correctamente. Aprender a expresarse correctamente es crucial para mantener y sostener las relaciones con los demás.

Si estás experimentando una emoción bastante abrumadora, es típico que sientas que vas a explotar, y puede que incluso quieras herir a quienes te han hecho daño. Incluso es posible que acabes haciendo daño a los demás sin quererlo porque estás abrumado por las diferentes emociones. Sin embargo, siempre hay una forma mejor de hacer las cosas.

Puedes expresar cualquier emoción desagradable o poderosa que estés experimentando de forma productiva y con calma. Por lo tanto, tienes que tomarte el tiempo necesario para comprender los sentimientos y luego comunicar dichas emociones de una manera que sea menos probable que hiera a los demás. También tendrás que hacer lo mismo a la hora de expresar tus necesidades. No tienes que dejar un rastro de miseria o incluso de corazones rotos sólo por intentar expresar tus necesidades.

Comprender tus emociones y sentimientos hará que sea más fácil transmitir tus necesidades. Cuando se trata de utilizar la psicología oscura de cualquier manera, es importante que primero tenga una comprensión profunda de lo que quiere. Hacer esto hace más fácil emplear técnicas o tácticas que funcionen bien para usted en una situación determinada. Así, en este capítulo, usted aprenderá acerca de los errores comunes que deben evitarse al expresar sus necesidades o deseos. También aprenderás a comunicar tus puntos de vista a cualquier persona, incluidos los que están en el poder.

Errores que Hay que Evitar en la Comunicación

Siempre que compartas tus sentimientos, las dos palabras con las que deben empezar todas las frases de autoexpresión son "Me siento...". Después de esto, simplemente rellena la palabra o frase que mejor describa tu miedo. Por ejemplo, puedes estar triste, confuso, enfadado, agotado, decepcionado o cualquier otra cosa. Aprender a nombrar la emoción que sientes facilita su expresión. La forma más sencilla de entender lo que sientes es clasificar las emociones en cuatro grandes categorías: feliz, triste, enfadado o asustado.

Un error común que la mayoría de la gente comete al comunicarse es rellenar los espacios en blanco después de decir las palabras "me siento..." Con la palabra "que" en el espacio en blanco, dicen: "Siento que..." y cuando afirmas esto, automáticamente das a entender que estás expresando un pensamiento en lugar de tus sentimientos. Está perfectamente bien compartir tus pensamientos, pero cuando se comparan con los sentimientos o las emociones, los pensamientos son una forma superficial de información, mientras que los sentimientos provienen de lo más profundo. Aprender a expresar tus sentimientos y aprender a expresar tus emociones son habilidades necesarias. Si no aprendes a distinguirlas, no podrás hacer ninguna de las dos cosas con eficacia.

Siempre que expreses tus sentimientos, debes hablar sólo de ti mismo. Nunca debes utilizar a otra persona como el origen del sentimiento que estás experimentando. No importa de dónde provenga el sentimiento. En lugar de eso, simplemente tienes que expresar lo que sientes. Por ejemplo, puede que hayas dicho u oído a alguien decir: "Me haces sentir..." en algunos casos, está bien, pero cuando se trata de un momento acalorado, decir esto puede desencadenar fácilmente una discusión porque estás echando la culpa al receptor.

Cuando te expresas diciendo: "Me haces sentir...", toda la culpa se traslada automáticamente a la persona con la que hablas. Así, la otra persona se pondrá a la defensiva si la emoción es poco útil, como la ira, la tristeza, la miseria, el enfado o cualquier otra cosa por el estilo. Al fin y al cabo, a nadie le gusta que le digan que es el causante de nuestra miseria. En su lugar, puedes intentar utilizar una afirmación del tipo "me siento" para expresar lo que sientes cuando la otra persona hace algo. Por ejemplo, si te molesta que tu pareja nunca limpie después de la comida, puedes decir: "Me siento un poco molesto cuando no limpias después de la comida, incluso después de pedírtelo".

El problema es empezar una declaración de autoexpresión con: "Me haces sentir...". Automáticamente, suena como una acusación en lugar de un relato verdadero de tus sentimientos. La segunda razón es que te quita instantáneamente el control sobre tus emociones y se lo da a otra persona. Automáticamente convierte al receptor de la declaración en la persona que controla tus sentimientos. Esto aumenta la sensación de impotencia y desamparo que ya sientes.

Otra razón por la que no debe utilizarse es que prepara el terreno para que sigan más contraacusaciones. En lugar de verbalizar tus sentimientos como pretendías, se inicia un partido de tenis en el que ambos se lanzan acusaciones. Esto rara vez resulta en algo agradable. Y, por último, estas afirmaciones suelen desencadenar una serie de malentendidos sobre lo que puede haber provocado que te sientas así.

Cuando expones tus sentimientos y los mencionados anteriormente, pones a otra persona en el punto de mira y te quita el foco de atención. En lugar de hablar de lo que sientes, acabas en una situación en la que te estás culpando constantemente el uno al otro, y la discusión casi siempre va a más. Entienda que nadie puede hacerle sentir nada porque nadie tiene ese tipo de poder sobre ti. No pueden controlarte a menos que dejes que te hagan sentir de una manera determinada. Si quieres convertirte en un experto en el uso de cualquiera de las técnicas de psicología oscura que se discuten en este libro, primero debes ganar el control sobre ti mismo y nunca debes ceder ese control a nadie más.

Expresa Tu Opinión De Forma Asertiva

Cuando se trata de expresarse, es importante comprender el papel que desempeñan las distintas culturas. En algunas culturas, algunos optan por un enfoque directo al expresar sus sentimientos. En otras, se prefiere la vía indirecta. En algunas culturas, la comunicación directa se considera dura o grosera, mientras que el método indirecto se considera agradable en una onda superficial.

Cuando se está enfadado o cuando hay que satisfacer una necesidad concreta con urgencia, parece que la conversación ya no tiene una estructura que importe porque lo único que se exige son resultados inmediatos. Mientras haces esto, puede que consigas lo que quieres, pero a la larga, esto creará grietas en la relación. Si esto sucede, cualquier otra técnica de psicología oscura fracasará porque la compenetración termina aquí. En su lugar, he aquí algunas sugerencias que puedes utilizar para exponer asertivamente tus puntos de vista.

El primer paso es tomar conciencia de todo lo que hay dentro de ti. Si estás experimentando una ira extrema, quédate callado y quieto. No es el momento de expresar ninguna de tus emociones porque, aunque lo intentes, parecerás más duro de lo que pretendías. Esto se debe a que todo lo que pienses y digas será provocado por la ira.

Cuando estás enfadado, tu mente no puede pensar en la lógica o la racionalidad. En su lugar, simplemente busca una oportunidad para estallar y herir a los demás. Te hace sentir como si no tuvieras control sobre ti mismo y esto, a su vez, hace que sea doblemente difícil comunicar lo que intentas. Cuando tu ira se reduce, puedes empezar a pensar con lógica y claridad, y esto hace que sea más fácil comunicar con eficacia.

Quedarse en el mismo sitio y darle vueltas al asunto no te ayudará en absoluto. En cambio, necesitas una distracción. Tienes que hacer algo para apartar tu mente del tema en cuestión y centrarte en otra cosa. La mente es poderosa, pero puede distraerse fácilmente, y tú tienes el poder de hacerlo. La mente consciente es como una mascota en casa. Si le das a la mascota un juguete, dejará de destruir los preciosos muebles y, en su lugar, centrará su energía y atención en el juguete.

Del mismo modo, tendrás que darle a tu mente algo en lo que pensar para recuperar el control sobre ella. Ya sea dando un paseo, viendo vídeos divertidos o incluso escuchando música, hágalo. En lugar de intentar hablar cuando estés enfadado, espera a que el enfado se enfríe. Esto se aplica a cualquier otra emoción desbordante o poderosa que experimentes.

El segundo paso es hablar con uno mismo sobre lo que está sucediendo. Una vez hecho esto, tendrás tiempo para pensar en la situación y en ti mismo. El razonamiento por el que optes debe provenir de una posición vital más elevada que la tuya. Comprende que, a veces, los sentimientos son erróneos porque puedes haber interpretado mal una situación utilizando tus emociones. Una vez que vuelvas a poner la racionalidad en escena, podrás tener una apariencia de comprensión de lo que está sucediendo. Aunque no quieras pensar en la situación, mantén un diálogo positivo en tu mente. Esto te ayudará a calmarte.

Veamos un ejemplo que te permitirá comprender mejor cómo se puede abordar esta situación. Imagina que, después de trabajar toda la semana, te llaman para el fin de semana. Es posible que hayas planeado diferentes actividades para pasar el tiempo durante el fin de semana.

La petición de tu supervisor en el trabajo podría enfadarte, y es perfectamente comprensible porque se supone que el fin de semana es tu momento de relax. Sin embargo, en lugar de hablar en ese momento y arremeter, piensa en cómo puedes plantear tu necesidad para no enfadar a la otra persona ni empeorar la situación. Sí, esta es siempre una opción. No tienes que decir nada en los momentos de enfado porque eso siempre traerá repercusiones.

Una vez que te sientas más tranquilo, puedes decirle a tu supervisor en el trabajo que no estarás disponible los fines de semana o que estás sobrecargado. Intenta ver si pueden encontrar una alternativa. En la misma línea, no te olvides de expresar tu gratitud cuando la persona haya entendido lo que le has dicho. Esto aliviará la situación y facilitará la transmisión de tu punto de vista sin ofenderla.

Al reconocer que te han entendido en el pasado, automáticamente les pones en situación de tener que entenderte en el presente y en el futuro. En cierto modo, estás influyendo indirectamente en ellos. Cuando te comuniques con alguien con autoridad, sé respetuoso y paciente.

Otra cosa que debes hacer cuando aprendas a expresarte es si has echado la culpa a otra persona. Es bastante fácil culpar a una persona o incluso a una situación para sentirse mejor. Si estás sobrecargado de trabajo, necesitas descansar, estás cansado, tienes hambre o incluso eres infeliz, tener a alguien o algo a lo que culpar automáticamente traslada toda la responsabilidad a dicha persona o situación.

En lugar de eso, tienes que entender que cualquier emoción que experimentes, incluso las desagradables, es tuya. Nadie te ha hecho sentir hambre o rabia. Si eres infeliz, tienes que mirar dentro de ti. Culpar a los demás no rectifica la situación ni soluciona el problema por arte de magia. Por el contrario, simplemente hará que tú y los demás se sientan peor. También puede convertirse en una fuente de resentimiento que erosione aún más tu relación.

Cuando te centras demasiado en las emociones desagradables, te vuelves egocéntrico. Cuando te centras únicamente en las emociones que estás experimentando y en las razones que las provocan, toda tu atención se fija en ti. Una forma sencilla de salir de este estado es involucrar tu curiosidad. Sé un poco curioso y trata de entender por qué la otra persona se comporta como lo hace. Interésate de verdad por saber por lo que está pasando y, en lugar de enfrentarte, intenta comprender por qué ha hecho lo que ha hecho.

Debes darte cuenta de que la mayoría de las personas no hieren conscientemente a los demás porque disfrutan con ello. Por lo general, lo hacen accidentalmente o porque no conocen una forma mejor de expresarse. Puede que ni siquiera sean conscientes de sus acciones o comportamientos y de sus efectos en ti. Por lo tanto, en lugar de la confrontación, tómate el tiempo necesario para comprender lo que están viviendo. Abre las líneas para un diálogo sano, y será más fácil comunicar lo que deseas.

En cuanto a la expresión personal, todos esperamos que los demás sean complacientes con nuestros pensamientos, sentimientos y opiniones. Tienes que entender que los demás no serán complacientes si tú no lo eres. Por lo tanto, hay que tener en cuenta los pensamientos, las opiniones y los errores de los demás. Si permites su punto de vista, podrás entender la razón de su comportamiento en lugar de suponer lo peor de ellos y llegar a una conclusión inútil.

Al ser complaciente, también demuestras que respetas a la otra persona, sus opiniones, preferencias y el derecho a tener una perspectiva diferente a la tuya. Al hacerlo, automáticamente te vuelves más comprensivo. También ayuda a profundizar en la relación y a fortalecerla aún más. Cuando aceptas las opiniones de otra persona, su disposición a corresponder aumenta. En el futuro, si alguna vez necesitas influir en ellos, podrás hacerlo con bastante facilidad porque serán receptivos a lo que dices.

Siempre que compartas tus necesidades, deseos, sentimientos, opiniones o perspectivas, empieza usando la palabra "yo". Sin embargo, tu trabajo no termina ahí. Si quieres expresarte, asegúrate de dar a la otra persona la oportunidad de expresarse.

Aprender a hacerse valer y a expresarse con asertividad es necesario en todos los aspectos de tu vida. Tanto en la vida profesional como en la personal, la asertividad es necesaria, especialmente en lo que se refiere a la expresión personal. Además, antes de utilizar cualquiera de las técnicas de la psicología oscura, intenta ponerte en la mente de la otra persona para que tus necesidades o emociones sean atendidas a través de una conversación habitual.

¿Qué pasaría si todo lo que tuvieras que hacer fuera simplemente decir algo, y tu pareja lo hubiera entendido? No habría necesidad de manipulación encubierta de ninguna forma o manera. Por lo tanto, antes de utilizar cualquier sugerencia discutida en los capítulos siguientes, comience por centrarse en una mejor expresión de sí mismo. Llevará algo de tiempo cogerle el tranquillo a las diferentes sugerencias que se dan en este capítulo. Con un poco de conciencia, práctica y paciencia, puedes mejorar.

Aprender a expresarse correctamente también es necesario para establecer una buena relación con los demás. La compenetración y la confianza son condiciones previas para varias tácticas de la psicología oscura que se tratan en los capítulos posteriores. Por lo tanto, no hay ningún inconveniente en mejorar la expresión personal.

Capítulo 6

Analizar a los Demás
Usando la Psicología Oscura

Independientemente de la psicología oscura o de las tácticas persuasivas que se empleen, el análisis de la persona a la que se persuade es crucial para determinar el éxito o el fracaso de las tácticas utilizadas. Los individuos pueden ser analizados por su elección de palabras, las vibraciones generales que emiten, su comportamiento, su lenguaje corporal e incluso su apariencia. En este capítulo aprenderá en detalle cada uno de estos aspectos.

Aunque una técnica de persuasión no establezca explícitamente que debe observar a una persona, debería formar parte de la práctica porque le permitirá conocerla mejor. Puede obtener la información necesaria para tomar la mejor decisión mediante el análisis de su estado de ánimo, sus rasgos de personalidad y su actitud ante diferentes situaciones.

Toda la información que necesitas se obtiene sólo cuando empiezas a absorberlos. No sólo debe ser capaz de entender esta información, sino de absorberla y analizarla, para luego pasar a utilizar cualquiera de las técnicas que se comentan en los capítulos posteriores. Ahora veamos cómo puedes analizar a los demás utilizando la psicología oscura.

Elección de Palabras

Las palabras que otros dicen o utilizan en una situación determinada dicen mucho sobre ellos, como sus sentimientos generales, sus pensamientos o su actitud hacia esa misma situación. La forma en que una persona enmarca sus frases habladas o escritas es un indicador clave de sus pensamientos y sentimientos sobre el evento y de quiénes son como individuos.

Cuando empieces a prestar atención a las palabras que pronuncian los demás, te darás cuenta de que siempre hay diferentes opciones disponibles, y el individuo hace una elección concreta. El hecho de que hayan optado deliberadamente por unas palabras determinadas transmite mucho sobre quiénes son y qué piensan. Por ejemplo, consideremos el enunciado "He trabajado en el proyecto".

El enunciado puede cambiarse de varias maneras y todas ellas seguirán transmitiendo el mismo significado, aunque habrá una variación. Si la persona dice: "Trabajé duro en ese proyecto", muestra que se esforzó por alcanzar el éxito y dio lo mejor de sí. Se lo tomó como un reto y se esforzó por conseguirlo. Si alguien dice: "Trabajé en este proyecto tonto", muestra su desagrado o desprecio por el mismo.

El simple hecho de cambiar la forma en que se formula una determinada afirmación crea automáticamente una impresión sobre la otra persona. Por ejemplo, una persona se presenta como un gran trabajador y la otra como un vago que ni siquiera valora ese trabajo ni lo disfruta. Incluso decir algo tan simple como "me he ganado un premio" crea una noción diferente a las palabras "he ganado un premio". Cuando alguien dice que ha ganado algo, muestra que el éxito tiene que ganarse.

Hay múltiples maneras de leer las opciones de palabras y frases que otros utilizan. Fíjate siempre en las diferencias entre los términos que utilizan, porque algunas palabras son genéricas mientras que otras se utilizan a menudo como reemplazo, lo que indica una falta de emoción real. Por ejemplo, podría ser la diferencia entre decir " me gusta" y " le tengo cariño". Gustar es un término general con varios significados y suele utilizarse como sustituto de la falta de una emoción real.

Cuando a uno le gusta algo, puede disfrutarlo o incluso simplemente tolerarlo sin que haya una indicación real de lo que es. En cambio, el cariño es una verdadera emoción. Si te das cuenta y comprendes la diferencia entre las palabras que usan los demás, entenderás mejor lo que están pensando o sintiendo en un momento dado.

Lenguaje Corporal

Una habilidad importante que resulta útil en todos los aspectos de la vida, tanto en la vida profesional como en la personal, es aprender a analizar el lenguaje corporal. Nos comunicamos no sólo a través de las palabras que pronunciamos, sino también a través de nuestro lenguaje corporal. La primera se conoce como comunicación verbal, y la segunda es la comunicación no verbal.

La mayor parte de la comunicación que se produce suele ser no verbal. Por ejemplo, los que trabajan en el ámbito de la policía o la justicia penal se basan en descifrar la comunicación no verbal para determinar más sobre la persona con la que están tratando. Cuando alguien evita el contacto visual, puede transmitir culpabilidad.

Según el contexto y la situación, el lenguaje corporal puede interpretarse de diferentes maneras. Por ejemplo, si alguien tiene una postura rígida y mira hacia abajo, probablemente no sea un buen momento para pedirle algo porque está en guardia y su mente está concentrada en otra cosa. Si su postura es relajada y te mira con una sonrisa, automáticamente se vuelve más accesible y amigable.

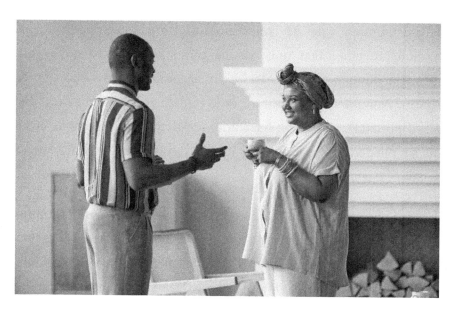

Se puede aprender mucho sobre una persona por su lenguaje corporal. Lo maravilloso de la comunicación no verbal es que no es tan fácil de regular como la comunicación verbal. La elección de las palabras de una persona dice mucho de ella, pero las palabras pueden elegirse conscientemente. Sin embargo, no siempre es posible controlar totalmente la comunicación no verbal.

Por ejemplo, una afirmación que parece un cumplido cuando se transmite con una sonrisa de satisfacción puede sonar como un sarcasmo en lugar de un cumplido. Del mismo modo, decir algo en voz alta sin fruncir el ceño no transmite enfado. Así es como, según las circunstancias y los distintos aspectos del lenguaje corporal, se puede decidir lo que la otra persona está pensando, sintiendo o incluso experimentando en un momento dado.

Apariencia

Incluso alguien que se autodenomina imparcial puede juzgar rápidamente a alguien que conoce por su aspecto. Esta es una tendencia humana común. Todos lo hacemos, y no tiene sentido negarlo. Aunque todos hayamos oído el dicho "No juzgues un libro por su portada", seguimos haciéndolo. Además, hay muchas cosas que se pueden aprender sobre el libro simplemente mirando su portada.

He aquí un ejemplo para que lo tengas en cuenta. Ves a un hombre con un traje bien planchado en una cafetería. Parece bastante elegante y bien vestido. Se puede suponer que se trata de un hombre que se preocupa no sólo por su aspecto, sino por la opinión de los demás. A no ser que esté esperando a encontrarse con otra persona en el café, no tiene ninguna obligación de vestirse como lo ha hecho.

Las personas que se preocupan por su aspecto suelen tener una buena postura y se enorgullecen de su trabajo. También prosperan cuando reciben grandes elogios y siguen reglas sociales como llegar temprano, ser puntuales y ser pacientes. Por eso, la regla no superada de cualquier reunión de negocios, incluida una entrevista, es probablemente presentarse.

Consideremos ahora una situación con otra persona que se viste de manera informal. Esto significa que dicha persona prioriza su comodidad más que la apariencia. En cierto modo, es posible que esta persona sólo se preocupe por su comodidad personal cuando todo lo demás está resuelto y no hay responsabilidades inmediatas que le ocupen. Por lo general, se cree que estas personas son menos puntuales y se distraen fácilmente.

Dicho esto, no es prudente precipitarse y juzgar rápidamente a alguien basándose únicamente en su apariencia. Por el contrario, hay que considerarlo simplemente como una herramienta que puede combinarse con los demás aspectos tratados en este capítulo.

Por ejemplo, en una tienda de comestibles, supongamos que te encuentras con una mujer que lleva una camisa manchada sobre unos pantalones de deporte raídos. Lleva el pelo desordenado y empuja un carrito lleno de productos de puericultura, incluidos pañales e ingredientes para hacer una comida, y ves que parece agotada. Si la juzgas basándote sólo en su ropa, probablemente parezca que es perezosa o que no le importa su aspecto.

Si lo pones en contexto y te replanteas la situación, te darás cuenta de que es una mujer que simplemente tiene poco tiempo o está abrumada por las responsabilidades y, por lo tanto, está agotada.

Está bien juzgar un libro por su portada, siempre que estés dispuesto a leer un par de sus páginas o al menos la descripción para entender si quieres comprarlo o no.

Comportamiento

Las acciones siempre hablan más que las palabras. También transmiten más que las palabras. Tanto si se trata de un ser humano como de un animal, su comportamiento transmite mucho. En la naturaleza, los expertos en animales suelen estudiar comportamientos específicos de los animales salvajes para entender mejor cómo viven. Por ejemplo, cuando se observan cachorros de tigre jugando o peleando entre ellos, esta actividad les enseña a luchar y a cazar para sobrevivir.

Del mismo modo, incluso los leones adultos fingen estar heridos cuando sus cachorros les atacan juguetonamente. Lo hacen para alimentar el instinto cazador de ese cachorro. También se pueden hacer observaciones similares sobre los humanos en diferentes escenarios. Un ejemplo común que se puede considerar es la diferenciación entre hermanos. Es bastante fácil detectar a los hermanos menores porque suelen ser más competitivos y tienden a hacer oír sus quejas en comparación con sus hermanos mayores.

Además de fijarse en la edad de alguien, también se puede aprender mucho sobre lo que desea por su comportamiento. Cuando nos entusiasmamos con algo, se refleja en nuestro comportamiento. Del mismo modo, otras emociones también se expresan a través de nuestros comportamientos. Por ejemplo, puedes notar que alguien se mueve constantemente con las cosas que le rodean cuando está estresado. Se trata de pequeñas señales que permiten comprender mejor lo que está viviendo dicha persona en un momento dado.

Vibraciones

Hay mucho debate sobre si el concepto de las vibraciones es real o no. Muchos creen que existen, mientras que otros piensan que son totalmente inventadas. Algunos creen que es una auténtica tontería. Sin embargo, algo innegable es que cada persona transmite una sensación diferente cuando está cerca de ella. Independientemente del nombre que decidas ponerle, está presente. ¿Has notado alguna vez que te sientes bien cuando estás cerca de ciertas personas mientras que otras te drenan la energía? Esto no es más que su vibración. Las personas que automáticamente te levantan el ánimo y te hacen sentir mejor suelen hacer que los demás acudan a ellas. Algunos siempre tienen una sonrisa en la cara y están dispuestos a ayudar.

Por otro lado, algunos son conocidos como vampiros de energía porque chupan la energía de otras personas y llevan consigo estados de ánimo oscuros. Así pues, empieza a notar cómo te sientes con diferentes personas. Con el tiempo, te harás experto en identificar la energía o las vibraciones que desprenden las distintas personas. Esta información también es útil cuando utilizas técnicas de psicología oscura.

Capítulo 7

Salirte con la Tuya
Manipulando a los Demás

A estas alturas, tendrás una buena comprensión de cómo funciona la manipulación y cómo puede utilizarse para controlar a los demás. También puede utilizar esta información para identificar y alejarse de cualquier persona o situación potencialmente dañina.

En esta sección, se le presentarán diferentes tácticas de manipulación que le dan la oportunidad de controlar la mente de los demás. Estas tácticas son poderosas y pueden ser peligrosas en manos de las personas equivocadas que no tienen reparos en hacer daño a los demás. También proporcionan una visión inestimable de las mentes de aquellos con personalidades oscuras y de cómo eligen a sus objetivos. Cuando se trata de control mental, lo único que importa es tu intención.

Dependiendo de lo que intentes conseguir al hacerlo, puede ser bueno o malo. Puedes usarlo para alterar los pensamientos de otra persona para mejor. También puedes animarles a tener mejores comportamientos y a tomar mejores decisiones. Estas son algunas formas extremadamente poderosas de manipular a los demás para salirse con la suya. Ten cuidado cuando uses cualquiera de las técnicas mencionadas aquí.

Implantación de Ideas

Cualquier forma de control mental funciona esencialmente con la capacidad de eliminar el libre albedrío de otra persona, entrando sistemáticamente en su mente para hacer que piense en comportarse de forma diferente a como lo hace o ha estado haciendo normalmente. Puede ser tan siniestro como conseguir que otros cambien de religión o se unan a cultos. O puede ser tan simple como conseguir que su cónyuge acepte ver a una banda que toca el próximo fin de semana, aunque a usted no le guste esa banda. Algo que debe quedar muy claro es que el control mental no es lo mismo que el lavado de cerebro.

En el lavado de cerebro, la persona a la que se le lava el cerebro se da cuenta de lo que está ocurriendo y es consciente de ello. El control mental, en cambio, es bastante encubierto y difícil de precisar. Cuando alguien utiliza el control mental, esencialmente se hace amigo de su sujeto y se gana su confianza, esta confianza se utiliza para infiltrarse en su mente y crear un nuevo tipo de personalidad.

En teoría, puede implantar diferentes ideas y pensamientos en la mente de un individuo sin que éste se dé cuenta. Esto probablemente nos recuerde a una escena de la película "Inception".

Cuando se hace correctamente, la manipulación no es diferente de lo que se ha visto en esa película.

El primer aspecto del control mental es desarrollar una relación. Cuando se establece una conexión, el manipulador accede fácilmente a la mente de la otra persona. Esto es algo que lleva tiempo, y por lo tanto, si quieres influenciar a alguien y controlar su mente, necesitas ser extremadamente paciente. Una vez establecida la relación, puedes aprovecharte de ella y salirte con la tuya.

En esta fase, cuando la otra persona confía en ti, puedes empezar a hablarle de las cosas que te interesan y dejar caer la cantidad adecuada de pistas para infiltrarte poco a poco en su mente. Puede ser tan sencillo como hablar con tu amigo de la música que te gusta porque quieres que se interese por los mismos grupos que te gustan a ti. Puedes empezar diciéndole lo increíble que es un grupo concreto y mencionarle algo sobre él al día siguiente.

Sigue haciéndolo y, al cabo de un tiempo, su subconsciente se volverá más dúctil y te resultará más fácil causarle una buena impresión. Tras una o dos semanas repitiendo regularmente el mensaje mencionado, puedes empezar a tocar la música del grupo. Con el tiempo, incluso tu amigo se interesará por ella.

Uso del Control Mental

El control mental no es un proceso de un solo paso, sino que incluye una sucesión de pasos que deben completarse para que todo el proceso sea efectivo. El primer paso es desarrollar una buena relación con la otra persona y hacerla sentir cómoda. Esta parte suele ser la más larga de todo el proceso. Cuanto más genuina sea o parezca la relación, mayor será tu capacidad de influir en ella. Tendrás que estar en el juego a largo plazo si quieres que la manipulación y el control mental sean efectivos.

Después de ganar la confianza, el siguiente aspecto del control mental es bajar la autoestima de la otra persona. Los que tienen una autoestima más alta son difíciles de manipular y controlar porque confían demasiado en sí mismos. Reducir su autoestima hace que les resulte difícil confiar en el camino que tienen por delante. La idea es hacerles sentir que sus pensamientos no son exactos o que su versión de la realidad no es la verdad real. Puedes encontrar formas de insinuar sutilmente que la persona no es tan sabia o capaz como parece creer que es.

Una vez más, no es algo que se pueda terminar en una sola sesión. En su lugar, el esfuerzo continuo y los comentarios sutiles en conversaciones regulares reducen su autoestima. A medida que su autoestima se reduce, es el momento de empezar a implantar tus ideas y pensamientos en su mente. La idea es crear una situación en la que la otra persona empiece a asociar una emoción específica con una consecuencia determinada. Esencialmente, los estás condicionando, una práctica común en la programación neurolingüística o PNL. Aprenderás más sobre esto en los capítulos siguientes. Por ahora, volvamos al control mental.

Después de repetir constantemente los pensamientos que deseas instalar en ellos, verás tu capacidad para controlar su mente. Al reducir su autoestima, son automáticamente más susceptibles a tu manipulación. Al implantar diferentes pensamientos o desencadenantes, tu capacidad de controlarlos mejora. Independientemente de las técnicas que decidas utilizar, una cosa que debes entender es que debes aprender a tomar el control de quienes son. Sin duda, puedes implantar nuevas ideas, intereses y pensamientos.

También puedes enseñarles cosas diferentes y convencerles de ciertas creencias que tienen. Cuando te vuelves bueno en esto, también puedes cambiar por completo quiénes son. En cierto modo, la manipulación y el control mental te dan los medios para convertir a un individuo en una persona completamente diferente.

Gaslighting

Una táctica siniestra que suelen emplear las personalidades oscuras es el gaslighting. ¿Qué puede ser más siniestro que hacer creer a alguien que no puede confiar en sí mismo? Cuando haces que el sujeto se cuestione su propia cordura, le das gaslighting. ¿Alguna vez te has encontrado en una situación en la que estás paralizado por la duda sobre ti mismo? La autoduda es tan alta que te hace inactivo e incapaz de pasar a la acción por completo.

Tal vez empieces a cuestionar si las cosas se produjeron de la manera que pensabas o si estás exagerando. Tal vez se diga a sí mismo que imaginó cosas que no ocurrieron o que es sólo su imaginación hiperactiva la que está en juego. Este es el tipo de duda que un manipulador aprovechará para manipular a sus víctimas. Con el tiempo, el manipulador aumenta efectivamente la autoduda que el sujeto experimenta hasta que llega a la etapa en que no cree nada, incluso a sí mismo.

Recuerde que ésta es una de las cosas más peligrosas que puede hacerse a sí mismo. Cualquier persona incapaz de confiar en sí misma no será especialmente eficaz cuando trate con otros. Si decides utilizar esta técnica, primero tienes que ganarte la confianza de tu sujeto y crear una buena relación con él.

Aproveche esta compenetración para desacreditar poco a poco su capacidad de recordar cosas, ya sea comprobando el correo antes de tiempo y fingiendo que su pareja no lo ha comprobado o sustituyendo objetos por la casa para confundirle aún más. También puede señalar que su pareja hizo algo que no hizo. Poco a poco tendrás que ir subiendo la apuesta hasta que tu pareja esté completamente confundida sobre lo que está pasando y lo que está imaginando.

El gaslighting da lugar a una situación en la que la víctima creerá todo lo que diga el manipulador. La víctima creerá al manipulador incluso si vio algo conscientemente y el manipulador dice que no lo vio. No hay otra forma mayor de control que un manipulador pueda tener sobre su sujeto que sea peor que la que se da a través del gaslighting. Sin embargo, es una táctica extremadamente insidiosa y rara vez debe utilizarse porque puede dañar la vida de otra persona.

Aislamiento

Otra táctica de manipulación muy utilizada es el aislamiento. Los humanos somos animales sociales y somos más felices cuando interactuamos con otros y tenemos relaciones significativas. Biológicamente estamos programados para vivir en grupo, y sufrimos cuando estamos aislados. Los manipuladores no quieren que sus sujetos tengan círculos internos o relaciones estrechas. Lo hacen porque no pueden controlar a los demás, pero sí a sus sujetos y, por tanto, se sienten amenazados por la presencia de otros.

El manipulador siempre querrá mantener el control total sobre su sujeto, y la mejor manera de hacerlo es aislándolo de todos los que conoce o quiere. Puede ser tan simple como expresar el descontento por pasar tiempo con alguien que quiere controlar. Puede resultar en algo mucho peor, donde es más fácil para el individuo cortar ciertos lazos y decir adiós a las relaciones en lugar de lidiar con el manipulador.

El manipulador también puede crear historias sobre cualquier miembro del círculo íntimo del sujeto con el que tenga problemas y hacer acusaciones que pueden obstaculizar fácilmente las relaciones. El sujeto empieza a interiorizar esto durante un período. Si el manipulador le dice constantemente al sujeto que es la única persona que le quiere y le acepta de verdad, el sujeto se lo creerá tarde o temprano.

Si se juegan bien las cartas, el manipulador es la única fuente de apoyo para el sujeto. Esto es siempre intencional, y funciona bien en las relaciones personales.

Crítica

Como ya hemos mencionado, uno de los pasos básicos para acceder a la mente de otra persona y controlarla es dañar o reducir su autoestima. Así es más o menos como funciona la táctica manipuladora de la crítica. Básicamente, se intenta dañar la autoestima de la otra persona hasta el punto de que no quiera tomar ninguna decisión por sí misma.

Las críticas que se vierten sobre ellos son suficientes para disuadir cualquier posible toma de decisiones. Al mismo tiempo, cuando se critica a alguien, hay que entender primero sus debilidades. Si se sienten amenazados por la noción de ser malos padres, entonces sácalo a relucir todo lo que puedas para debilitar sus defensas. He aquí otro ejemplo para que lo tengas en cuenta. Imaginemos que estás trabajando en una presentación muy importante para el trabajo de la que depende tu ascenso.

Mientras la preparas, tu compañero puede decirte constantemente que no eres lo suficientemente inteligente o bueno y que otro conseguirá tu trabajo. Si siguen haciéndolo durante mucho tiempo, tarde o temprano empezarás a creerles. Esto, a su vez, dará lugar a alguna forma de autosabotaje. También es posible que se rindan juntos. Cuando se critica a alguien con fuerza y regularidad, su confianza y autoestima se desvanecen.

Cuanto más criticado te sientas, más probable será que fracases. Por ello, estarás tan distraído que ni siquiera el intento de hacerlo mejor funcionará. Nunca podrás tener éxito si estás asustado o demasiado ansioso por hacer algo. La distracción le costará la oportunidad de tener éxito, que es lo que quiere su manipulador.

El manipulador tratará de hacerle sentir que tener éxito no sólo es difícil sino prácticamente imposible. Aunque no esté haciendo nada físicamente para obstaculizar su progreso, la crítica en sí misma resulta en un autosabotaje.

Fatiga

Otra táctica de manipulación de la que hay que hablar es el cansancio. ¿Has estado alguna vez en una situación en la que te has sentido tan cansado que parecía que ibas a caer muerto en cualquier momento? Tal vez tenga que trabajar hasta altas horas de la noche para un proyecto y nunca pueda dormir lo suficiente. O tienes niños pequeños en casa que te mantienen despierto toda la noche, y debes ir a trabajar a la mañana siguiente.

Independientemente de la causa del insomnio, piense en cómo se sentía cuando no dormía. Te habría hecho sentir que tu cerebro se retrasaba, y que tenías problemas para procesar la información y sentías que no podías pensar con claridad. A pesar de toda la cafeína que consumes a lo largo del día, te sentirías fuera de combate y listo para colapsar en cualquier momento.

En esos casos, tus defensas están realmente bajas y tu mente consciente está sobrecargada. En ese momento, si alguien te sugiere algo, es muy probable que aceptes lo que te sugieran porque tu cerebro no puede procesar más información ni tomar una decisión. Tu disposición a hacer lo que quieren que hagas aumenta debido a lo cansado que te sientes.

Esta táctica de manipulación común funciona porque cuanto más agotado estés, más probable es que la capacidad de tu mente para luchar contra cualquier influencia externa comience a reducirse. No puedes defenderte eficazmente cuando estás demasiado agotado para funcionar. En cambio, los mecanismos de seguridad, al menos los principales dentro de la mente, empiezan a funcionar mal. En lugar de defenderse, se acepta porque es la salida más fácil.

La fatiga se ha utilizado como táctica de manipulación en diferentes escenarios. Es una de las tácticas más utilizadas para torturar a los demás para que suelten información. Se cree que cuando el cerebro está constantemente alerta y activo durante unas 20 horas, su capacidad de funcionamiento es la misma que la de haberse tomado una o dos cervezas. La capacidad de funcionamiento es la misma. Ésta es una de las razones por las que se cree que el sueño es reparador y uno de los aspectos más importantes para mantener la salud en general. Cuando se carece de sueño, su mente es susceptible a diferentes manipulaciones e influencias.

El mero hecho de privar a alguien del sueño impide activamente que se desentienda de cualquier manipulación. Si quieres mantener a alguien despierto, puedes probar técnicas sutiles que puedan ser consideradas como una coincidencia en lugar de ser vistas como intencionales, como encender accidentalmente la luz cuando la otra persona está tratando de dormir o hacer ruidos fuertes. Del mismo modo, darles cafeína a última hora de la tarde también funciona. O tal vez puedan ver juntos una película que sea activa y excite la mente justo antes de acostarse

Independientemente del método que elijas, tendrás un mejor acceso para controlar la mente de la otra persona. Al debilitar las defensas de su mente, puedes colar tus ideas sin que sean detectadas. También puedes convencer a los demás de que crean realidades falsas.

Una cosa que debes recordar antes de usar cualquiera de las técnicas discutidas en esta sección es ser extremadamente cauteloso. Cada una de las tácticas te da acceso completo a la mente de otra persona. Por lo tanto, asegúrate de utilizar estas tácticas de forma responsable.

Capítulo 8

Engaño

Todos decimos diferentes mentiras casi todos los días. Algunas mentiras se dicen para protegernos a nosotros mismos, mientras que otras son para proteger a nuestros seres queridos. También nos mentimos a nosotros mismos y ni siquiera nos damos cuenta. Aunque es muy frecuente, no es una gran herramienta de manipulación.

Por ejemplo, ¿no dicen los padres numerosas mentiras piadosas para proteger la inocencia de sus hijos o para facilitar el trato con ellos en un momento dado? Ya sea sobre el Ratón Pérez que deja dinero bajo la almohada a cambio de un dólar o sobre el temible hombre del saco que sale del armario si no se duermen por la noche, todas son mentiras blancas.

Del mismo modo, se dicen otras mentiras blancas para facilitar las cosas a alguien. Sin embargo, estas mentiras también pueden contarse con la expectativa de poder ejercer cierto grado de control sobre la persona a la que se le miente. La mayoría estaría de acuerdo en que mentir a los niños para proteger su inocencia no es malo.

La idea del engaño es no convertirse en un mentiroso patológico. En cambio, se trata de mentir cuando se tiene algo que ganar con la mentira y una historia a prueba de balas para respaldar la mentira. A menos que se fijen los detalles, lo más probable es que se acaben cometiendo errores. Si no te tomas el tiempo necesario para planificar la mentira de forma eficiente, casi siempre es mejor, decir la verdad. En los casos en los que mentir no parece una opción, es mejor ir con la verdad. Incluso si la verdad es difícil de decir, hacerlo es mejor.

Se pueden emplear varios métodos para elaborar una mentira eficaz. Para engañar a alguien, puedes omitir ciertos detalles mientras narras una historia verdadera y luego enfatizar sólo lo que quieres que escuchen. Lo importante es que la otra persona tiene que creerte. Si alguien no cree lo que dices o incluso desconfía de ti, no puedes engañarle. La verdad suele basarse en tu percepción del asunto y en lo que has aprendido. Así que, si quieres que los demás utilicen la oscura táctica psicológica del engaño, debes desafiar esta verdad.

Una verdad innegable de la vida es que todos estamos rodeados de gente engañosa, independientemente de dónde miremos. Ya sea en las publicaciones de las redes sociales en Instagram que muestran lo perfecta que parece una persona o lo feliz que es, las fotos suelen estar orquestadas. La imagen podría estar hábilmente orquestada para retratar la noción que quieren transmitir al mundo en lugar de lo que está sucediendo detrás de las escenas.

¿Has tratado alguna vez con alguien que ha experimentado una pérdida importante en su vida personal pero que se ha comportado como si no fuera gran cosa? Lo más probable es que, a no ser que estén desprovistos de toda emoción, estén experimentando algo pero lo estén ocultando. Las mentiras también tienen diferentes formas. Las mentiras que dices sientan las bases para analizar a otra persona en un nivel más profundo. En esencia, les estás diciendo lo que necesitan o quieren oír, y esto también te dice mucho sobre ellos como individuos.

Piensa en cualquier entrevista de trabajo a la que hayas asistido. La persona que te entrevistó probablemente habló mucho de los objetivos y valores de la organización, haciendo ver que serías afortunado de trabajar allí. Una vez que consigues el trabajo, te das cuenta de que todo no era más que una descripción exagerada de cómo avanzan las cosas en la organización. Es posible que no te hayas dado cuenta de todo esto durante la entrevista porque estabas muy nervioso por conseguir el trabajo. Tu objetivo en ese momento era conseguir el trabajo. Por lo tanto, todo lo demás era intrascendente. Aunque estuvieran mintiendo, no te importaba.

Probablemente no te hayas dado cuenta de lo mucho que te han mentido las personas de tu vida. Al principio, esto probablemente suene como algo extremadamente horrible. Sin embargo, las razones por las que la gente miente suelen ser variadas y no hay que tomárselas como algo personal. Solemos creer que sabemos lo que es mejor para nuestros seres queridos. A veces pueden sorprenderte, y las razones de sus mentiras pueden ser aún más sorprendentes.

Una razón común por la que la mayoría recurre al engaño es para tener una sensación de control. Comprende que si no controlas activamente tu vida, tarde o temprano, otra persona tomará todas las decisiones por ti. Por eso la historia que cuentes puede ser la verdad o una mezcla de verdades y mentiras, dependiendo de lo que necesites que crea la otra persona. Tendrás que enfatizar tu historia por lo que quieres que sea. No dejes que los demás dicten tu vida contando sus historias.

Comenzar el Engaño

Una vez que recurres al engaño, te conviertes en el dueño de tu universo y en el escritor de tu propia narrativa. Puedes crear el mundo que quieras en tu mente, y con una mentira cada vez, el mundo puede transformarse en realidad. En esta sección, se le presentarán algunas sugerencias sencillas sobre cómo emplear el engaño.

Uno de los aspectos más importantes de esta táctica en el que debes centrarte es la mentira que te importa. Debes trabajar en mejorar tu empatía. Al igual que con otros temas que se te presentaron a lo largo de este libro, debes entender cómo leer a los demás. La empatía se refiere a la capacidad de ver una situación dada desde la perspectiva de otra persona como si la estuvieras viviendo. Se refiere a caminar una milla en los zapatos de otra persona.

Con un poco de empatía se entiende mejor lo que la otra persona quiere oír. También intentas determinar lo que saben. Interésate activamente por su trabajo y sus intereses. Al hacer esto, esencialmente estás transmitiendo un mensaje que les dice lo que quieres que piensen, pero utilizando referencias a cosas que les interesan.

El escenario debe estar preparado en consecuencia siempre que establezcas un objetivo específico para cualquier mentira que quieras contar. Esto significa que tendrás que incorporar otros elementos en tu vida que estén en sintonía con la mentira que estás contando. Así, actualizar tu perfil en las redes sociales o regular tu actividad en ellas para que se ajuste a tu vida es necesario en este mundo digitalizado. Puedes empezar a publicar sobre cosas que tu sujeto encuentre interesantes. Si te sigue, llegará a la conclusión obvia de que ambos compartís intereses y preferencias.

Otra forma estupenda de llevar a cabo el engaño es parecer apasionado por una causa concreta. Asegúrate de que la causa por la que optas no es demasiado polémica. Esto te da la oportunidad de ser visto como un individuo compasivo. Cuando apoyas una causa o te interesas por algo benéfico, automáticamente se añade profundidad a tu carácter.

Otra forma sencilla de hacer creer a los demás que te importa lo que dicen es hacer preguntas y responder en consecuencia. La mayoría de nosotros estamos acostumbrados a hablar, pero rara vez escuchamos correctamente. Si quieres que te escuchen después, debes empezar a escucharles primero. A la hora de escuchar, no te limites a oír las palabras que dicen, sino que absorbas la información. Haz preguntas basadas en esa información y señala las conclusiones a las que llegues. A veces, el simple hecho de repetir lo que se dice de forma diferente transmite que estabas escuchando activamente.

Contar una Historia

Ahora, es el momento de hacer un poco de tarea. Siéntate con un cuaderno y un bolígrafo y anota la historia por la que quieres ser recordado. ¿Quiere ser conocido por su riqueza o su éxito? Si la respuesta es afirmativa, tendrá que contar una historia en ese sentido. Quizás quieras que te recuerden por ser caritativo. Si es así, la historia debe estar en sintonía con esto. Siempre que cuente una historia, debe hacerlo con cuidado.

La mayoría de nosotros estamos tan metidos en nuestros pequeños mundos que rara vez prestamos atención a los demás. Por eso, es posible que el sujeto no se dé cuenta de que no es un libro abierto que puede leer. Por el contrario, eres una persona con profundidad e intereses diferentes. Puedes presentarte como el tipo de persona que quieras. Siempre que te cuestiones tu vida, ensaya el guión que has escrito. Tú tienes el poder de decidir quién eres, y nadie más puede quitártelo. Siempre es mejor tener un par de historias bien ensayadas de antemano.

Al ensayar puedes escuchar el tono, lo que aumenta tu capacidad de memorizar una historia también. Por lo tanto, si quieres narrar una historia relacionada con el pasado y estás apuntando o engañando, la mejor manera de hacerlo es vivir a través de la historia de otra persona. Siempre puedes robar historias de personas que te resulten interesantes. Sin embargo, debes asegurarte de que el sujeto no conoce a la persona cuya historia has robado.

¿Qué sentido tiene hacer todo esto? La respuesta es muy sencilla. A veces, decir la verdad no te sirve a ti ni a ninguno de los objetivos que deseas alcanzar. Una vez que te sientas cómodo con esta idea, mentir será mucho más fácil. No tienes que convertirte en un libro abierto para establecer una buena relación con alguien. Puedes mantener tus cartas cerca del pecho pero asegurarte de que consigues que la otra persona se abra.

Consejos para Ser un Mentiroso Eficaz

Al igual que con todas las demás técnicas que se le presentaron en este libro, puedes mejorar efectivamente cualquier habilidad que desee con un poco de práctica, paciencia y esfuerzo consciente. En esta sección, se le presentarán algunas sugerencias sencillas que harán que sus mentiras sean más convincentes.

Una de las primeras cosas a las que debes prestar atención es a potenciar la empatía antes de empezar. Antes de falsear la verdad, necesitas un sólido vínculo emocional con la otra persona. Esto aumenta automáticamente la probabilidad de que crean todo lo que dices. Desde el principio, hay que entrar con fuerza. Una persona suele tardar unos dos minutos en decidir si le gusta alguien. Incluso si la impresión inicial no es buena, puedes cambiar las cosas a tu favor. Sin embargo, este proceso llevará más tiempo. Por tanto, asegúrate de empezar con buen pie.

Primero debes entender a tu interlocutor para asegurarte de que haces bien este paso. Esto significa que debes leer sobre su personalidad y entender cómo piensa, actúa o se comporta. Una vez que conozcas toda esta información básica, podrás presentarte como una versión de la persona que probablemente se inclinará por ellos, lo que facilitará el resto del proceso.

La mayoría de nosotros mentimos, pero nos pillan porque telegrafiamos subconscientemente nuestras acciones. Si quieres engañar a los demás de forma eficaz y eficiente, tienes que reconocer las mentiras más comunes y evitarlas. Algunas de las señales más comunes que demuestran que alguien está mintiendo son la incapacidad de mantener el contacto visual durante la conversación, hacer gestos extraños con las manos, hablar demasiado rápido o hacer una pausa demasiado larga antes de hablar. En cambio, hay que mantener expresiones faciales y lenguaje corporal amables. Tienes que parecer accesible. Si no elimina los comportamientos que sugieren que está mintiendo, no podrá tener éxito.

Cuando alguien miente, inconscientemente adopta una postura corporal extremadamente defensiva y cerrada. Por eso, también debes ser consciente de tu lenguaje corporal. Una forma sencilla de asegurarte de que el sujeto al que mientes no te descubra es mantener un lenguaje corporal abierto.

Tanto si se trata de ponerte de pie con los brazos colocados casualmente a los lados como de mantener el necesario contacto visual, hágalo. Estos gestos sencillos y casuales demuestran que estás abierto a la conversación y que no estás ansioso. Además, asegúrate de mirar hacia ellos y no hagas nada más con tu cuerpo en medio de la conversación que actúe como una barrera.

Las manos también desempeñan un papel increíblemente importante en este sentido, más aún cuando se trata de una persona que acaba de conocer. Hacer gestos con las manos al explicar o expresar algo aumenta la probabilidad de que los demás te crean. Del mismo modo, también debes centrarte en mantener un buen apretón de manos. Un buen apretón de manos no debe ser demasiado firme ni flojo. Un apretón de manos extremadamente firme suele ser un signo de agresividad, mientras que uno flojo es demasiado pasivo. Por lo tanto, prestando atención a los diferentes aspectos discutidos en este capítulo, su capacidad de engañar a los demás, especialmente cuando se utiliza la psicología oscura, mejora.

Capítulo 9

Control Mental con PNL

¿Ha intentado alguna vez comunicarte con alguien que no habla el mismo idioma que tú? Tal vez seas un hablante nativo de inglés y la otra persona hable español. La persona hispanohablante hace gestos desesperados y frenéticos para pedir algo, pero usted no está seguro de lo que está pidiendo o incluso de lo que necesita. Y entonces empiezas a hacer conjeturas sobre lo que necesitan. Le ofreces un teléfono y un vaso de agua y le muestras otras cosas, pero mueve la cabeza en señal de desaprobación.

Independientemente de tu oferta, la otra persona se siente cada vez más frustrada o molesta porque no puede comunicarse contigo. Al final, se produce una situación en la que se marchan enfadados y te dejan adivinando lo que querían en primer lugar.

Ahora, visualice el mismo encuentro pero imagínelo desde una perspectiva en la que usted es el hablante de español. Estás interpretando los dos papeles en los que sólo uno de vosotros habla inglés y el otro se comunica desesperadamente contigo en español. Ninguno de los dos puede entender lo que quiere decir, y ambas partes acaban frustradas por la falta de comunicación adecuada.

Esto es más o menos lo que ocurre en la mente. Esto se debe a que tu mente consciente puede decirte una cosa mientras que el subconsciente piensa algo totalmente diferente. Tú estás intentando conscientemente construir una vida feliz y exitosa, pero, en realidad, la mente subconsciente nunca ha recibido este mensaje.

Debido a esto, la mente subconsciente encuentra formas de sabotear cualquier desarrollo que la mente consciente esté haciendo. Esto también significa que los sentimientos o emociones que experimentas no están sincronizados con tus objetivos. El lenguaje corporal que mantienes no se ajusta a lo que quieres conseguir. Por el contrario, simplemente estás corriendo de una complicación a otra sin saber lo que quieres lograr.

Intenta comprender que tu mente subconsciente no es tu enemigo o adversario. No es algo que no se pueda domar o controlar. Por el contrario, necesitas aprovecharla y trabajar con ella para lograr lo que deseas. Esto significa que es necesario aprender a comunicarse adecuadamente con la mente subconsciente. Si no puedes descubrir esto, entonces te creará problemas.

Una vez que descubras el método de comunicación correcto, podrás alinear el subconsciente con tus expectativas o deseos conscientes. Esto le da la ayuda necesaria para lograr sus objetivos. ¿Te preguntas cómo puedes lograr este objetivo? Aquí es donde la PNL o programación neurolingüística entra en escena.

La PNL está diseñada principalmente para facilitar la obtención de los objetivos que necesita o desea. Le permite determinar la mejor manera de actuar para que su comportamiento conduzca al éxito deseado. Los que practican la PNL creen que la mente subconsciente es el principal motor que te impulsa hacia tus objetivos. Este proceso es posible siempre que puedas comunicar cuáles son esos objetivos. La PNL reconoce que las mentes consciente y subconsciente son extremadamente importantes y juegan con sus propias reglas.

La mente consciente suele ser la responsable de establecer los objetivos y decidir lo que se desea. Por otro lado, la mente subconsciente es el motivador que le permite alcanzar las metas que la mente consciente ha establecido. Es la responsable de averiguar cómo se pueden alcanzar los objetivos y de permitir que se tomen medidas para conseguirlos.

La PNL ayuda a tender un puente entre la mente consciente y la subconsciente y actúa como traductor y mediador. Se asegura de que estas dos partes de tu mente se comuniquen de forma eficaz y eficiente entre sí y trabajen juntas como un equipo en lugar de ir en contra de la otra. Cuando trabajan juntas, te darás cuenta de que es más fácil obtener los resultados deseados porque, sin este enlace, te encuentras con un problema tras otro porque las dos partes de tu mente están constantemente en guerra.

La programación neurolingüística es un método de aprendizaje para comunicarse de forma eficiente y eficaz con la mente subconsciente. Le enseña a dominar el método de comunicación empleado por la mente subconsciente para que pueda finalmente transmitir lo que necesita.

Al fin y al cabo, si no puedes expresar claramente lo que se necesita, nadie podrá ayudarte a cumplir ese objetivo. Simplemente le llevará de vuelta al ejemplo de habla inglesa y española comentado en la parte anterior de este capítulo. Dado que este proceso le permite comunicarse con la mente subconsciente, cualquier técnica asociada a él puede utilizarse también para comunicarse con la mente subconsciente de otras personas que le rodean. Desde implantar pensamientos hasta facilitar su comportamiento y fomentar cambios en su vida, entrar en la mente subconsciente de los demás es posible utilizando la PNL.

Probablemente suene manipulador, pero los tratamientos de PNL han ido ganando popularidad en el mundo actual. De hecho, la gente está dispuesta a pagar mucho dinero a los profesionales de la PNL para que les ayuden a superar sus miedos, ansiedades, fobias e incluso malos hábitos. Ya sea creando nuevos y mejores mecanismos de afrontamiento o superando emociones, todo es posible una vez que se entiende cómo funciona la PNL. He aquí un escenario para que lo consideres.

Supongamos que Ana tiene una ansiedad severa porque tenía que presentar algo cuando era niña pero necesitaba ir al baño. No pudo ir antes de la presentación y, en consecuencia, tuvo un accidente mientras la daba. Todo el mundo se rió de ella y le aterrorizó hablar delante de una multitud.

De hecho, llegó a suspender varios trabajos en la escuela porque se negaba a estar delante de sus compañeros o de los demás. Hay muchas oportunidades de trabajo en las que no tiene que estar presente delante de una multitud. Sin embargo, el trabajo que quiere requiere que presente regularmente informes y asista a reuniones con otras personas. Sabe que ya no es una niña y, siendo realistas, no se orinaría accidentalmente delante de una multitud.

Como solución, considera la PNL y visita a un practicante. El practicante tiene varias herramientas en su arsenal que la ayudan a procesar el trauma para superarlo. El practicante le permite replantear la situación y le ayuda a aprender a reírse de ella en lugar de creer que fue un acontecimiento dramático y que le provocó ansiedad. Al crear ciertos anclajes, empieza a sentirse mejor al hablar en público. Este es un ejemplo hipotético de cómo la PNL trabaja afinando el subconsciente y reformulando el proceso de pensamiento.

La mente humana es increíblemente poderosa. Sin embargo, también es susceptible a diferentes influencias. Una vez que una idea se ha quedado grabada en ella, a lo largo de un periodo, empieza a reunir pruebas que apoyen dicha idea. El pensamiento de la idea no siempre tiene que ser bueno. Por desgracia, cuando se deja sin regular, los patrones de pensamiento destructivos se interponen en el camino de la vida. La buena noticia es que esta poderosa herramienta está bajo tu control, y puedes reprogramar tu mente. La mejor manera de hacerlo es utilizando la PNL.

Aspectos Importantes de la PNL

Es necesario seguir algunos pasos importantes para que la PNL sea eficaz. Estos pasos le ayudarán a acceder a la mente, y se le presentará un breve resumen de lo que sucede. Las técnicas que se le presentarán en la parte posterior de este capítulo utilizan más o menos los pasos mencionados a continuación.

Una vez que aprenda a dominar estos tres sencillos pasos, le resultará más fácil utilizar las técnicas específicas que se presentan más adelante. Una vez que entiendas cómo funcionan, podrás convencer a los demás para que hagan tu voluntad o incluso cambiar o reprogramar tu mente para mejor. Los tres pasos necesarios para desplegar cualquier técnica de PNL son los siguientes.

Examinar las Creencias

El primer paso es determinar la información de la que se dispone. Esta es una etapa en la que debes reconstruir lo que tú y la otra persona sentís o pensáis sobre una situación concreta de la vida. Puedes notar que alguien está extremadamente ansioso por socializar o presentarse ante una multitud, y cuando está en público, suele tener una crisis.

Ahora que sabes lo que está experimentando, debes reconocerlo. El siguiente paso es examinar cuidadosamente las creencias para determinar por qué se sienten así. Volvamos al ejemplo de Anna. En su caso, el incidente de la infancia en el que se orinó accidentalmente delante de una multitud también la ha dejado ansiosa en la edad adulta.

Si utilizas la PNL contigo mismo, tómate el tiempo necesario para identificar la emoción o un pensamiento específico que desearías que no fuera problemático. Tal vez ciertas circunstancias le hagan sentirse extremadamente enfadado, y debido a este enfado, le cuesta comunicarse con los demás de forma efectiva y eficaz.

La falta de la comunicación necesaria está causando problemas en la relación. Al identificar estos sentimientos, se puede averiguar dónde está el problema. Al descubrirlos, es más fácil averiguar la mejor manera de enfocar y destruir las emociones inútiles.

Al utilizar la PNL, este proceso implica anclas o puntos directamente relacionados con un sentimiento o evento específico. Un ancla para tu estrés puede ser que te muerdas las uñas cuando estás estresado. Después de toda una vida de morderse las uñas cuando está estresado, incluso morderse las uñas distraídamente puede desencadenar estrés o ansiedad.

Seleccione un Ancla

Un ancla es una situación o acción determinada que desencadena ciertas emociones. Ahora tienes que descubrir un ancla específica o una emoción que pueda utilizarse para superar el problema al que te enfrentas. Si sabes que tienes problemas para regular tu ira, puedes aprender a combatir este problema desencadenando emociones más nuevas y deseables. Siempre que notes que te estás enfadando, utiliza el desencadenante como ancla. Esto, a su vez, te hará sentir otra cosa en lugar de ira. Si estás familiarizado con un poco de psicología, puedes condicionarte a ti mismo. Te estás entrenando eficazmente para actuar de una determinada manera en respuesta a circunstancias específicas.

Haciendo esto, puedes superar un sentimiento inútil que te retiene. Si hay algún mal hábito asociado a tus emociones, también puedes contrarrestarlo. Por ejemplo, puedes desarrollar hábitos más saludables si tiendes a fumar cuando estás estresado. También puedes aprender a protegerte de las emociones inútiles o indeseables para poder sanar y seguir adelante en la vida en lugar de quedar atrapado en situaciones inútiles.

El nuevo ancla por el que opte puede ser cualquier cosa. Puede ser una afirmación o incluso una palabra que repitas cada vez que una emoción incómoda salga a la superficie. Esto te ayuda a regularte. También puede ser una acción o un movimiento que te ayude a reenfocar tu mente en otra cosa y a mantenerte bajo control.

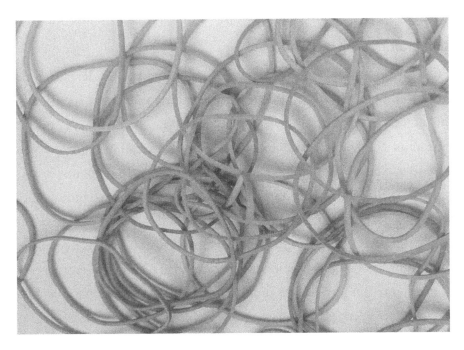

Un ejemplo habitual es llevar una goma elástica y romperla cada vez que se produzca una emoción incómoda o un desencadenante. También puede ser un olor específico o una fragancia que le haga sentirse seguro. También puede utilizar un pensamiento o un recuerdo que le ayude a recuperar cierta apariencia de equilibrio cuando esté bajo presión o estrés. A la hora de seleccionar un ancla, necesitas algo fácilmente accesible para que el impacto sea óptimo. Los mejores anclajes suelen ser frases cortas o un movimiento específico con las manos. Esto es algo que se puede hacer en cualquier momento.

Colocar el Ancla

Una vez que conozcas la situación que intentas superar y tengas un ancla en mente, el siguiente paso es establecer un anclaje. Tienes que averiguar cómo hacerlo. Esto es generalmente cuando la mayoría de la desviación se produce en su comportamiento y desencadena el uso de estas técnicas. Se pueden utilizar diferentes métodos para establecer un buen ancla para ti o para otra persona.

La visualización es útil si se trabaja con alguien que sabe lo que está haciendo. Si quieres que el proceso pase totalmente desapercibido, puedes utilizar una técnica como el reflejo o incluso la imitación sutil. Puedes optar por hacer algo intencionado, como reencuadrar un recuerdo negativo para que pase de ser traumático y negativo a ser algo divertido y más manejable. El método que elijas depende del tema que intentes persuadir o de cómo quieras hacerlo.

Por ejemplo, supongamos que tiene que persuadir a alguien para que compre algo. Para ello puede utilizar un disparador. No tiene que preocuparse si no sabe cómo hacerlo. Aprenderá más sobre esto en las últimas secciones de este capítulo. A partir de entonces, puedes empezar a influir en los demás asintiendo lentamente con la cabeza cuando ellos asientan la suya. Del mismo modo, también puedes hacer gestos similares a los que ellos hacen. De este modo, es más fácil influir en la otra persona para que esté de acuerdo contigo. Tu capacidad de influir en ellos aumenta automáticamente cuando están más de acuerdo.

Si quieres controlarte a ti mismo o a otra persona, tienes que seleccionar un ancla que sea sencilla de utilizar y que se pueda aplicar fácilmente.

PNL y Control Mental

Ahora que entiendes lo que es la PNL y cómo se puede utilizar para influir en ti mismo o en los demás, es el momento de aprender sobre algunas técnicas comunes que se pueden utilizar para controlar la mente de los demás. Puede que quieras regular tu mente para asegurarte de que tu subconsciente está influenciado para comportarse de acuerdo con tus deseos. O tal vez quieras influir en otros para que actúen como tú quieres. Independientemente de a quién quiera influir, puede hacerlo utilizando las técnicas que se exponen en esta sección.

Recuerde que puede modificar ligeramente la técnica en función de la situación, pero el procedimiento básico o los pasos a seguir serán los mismos. En esta sección, aprenderás las diferentes tácticas que se pueden utilizar para influir en los demás.

Al fin y al cabo, la PNL es una de las formas más eficaces de influir en la mente de otra persona. Puede que no seas capaz de decirles lo que tienen que hacer, pero puedes influir sutilmente en su mente subconsciente y obtener un control absoluto sobre ellos. Aprenderás a plantar eficientemente pensamientos en su mente y hacer que encajen perfecta y limpiamente como si siempre hubieran estado allí y los nuevos pensamientos en su mente fueran sus propios pensamientos. Por lo tanto, la PNL es una técnica increíble para el control mental.

En cierto modo, la PNL también es bastante parecida a la hipnosis porque ayuda a adormecer a la otra persona en un estado de sugestión. Resulta más fácil eludir la mente consciente e instalar tus propias ideas en el subconsciente. Una vez que sabes lo que estás haciendo, puedes hacer que la otra persona sienta o piense lo que quieras. Sin embargo, es imprescindible que los arrastres rápidamente a un estado de relajación.

Uno de los aspectos más importantes es el estado de confianza. Es lo que se conoce como establecer una relación con la otra persona. Si logras esto, podrás acceder a la mente. Cuando alguien confía en ti, no se protege activamente contra lo que puedas decir o hacer. Por eso es necesario desarrollar un rapport. En los capítulos anteriores de este libro se te presentaron diferentes pasos para lograrlo. Ahora veamos las técnicas que se pueden utilizar después de desarrollar el rapport para controlar la mente de otra persona.

Reflejando

Como se ha mencionado anteriormente, el primer paso es crear una buena relación. La mejor manera de hacerlo es reflejando. Cuando estás cerca de alguien, sin saberlo, captas y muestras sus comportamientos, gestos o posturas corporales. Esto se conoce como "mirroring". Es muy parecido a cuando una persona bosteza, los demás que la miran también empiezan a bostezar. Esto también es una forma de reflejo. Sin embargo, no se limita a esto.

Cuando dos personas están cerca emocionalmente y hay confianza entre ellas, incluso la forma de respirar y el ritmo de la respiración suelen estar sincronizados. Pueden caminar juntos con los mismos pasos y el mismo espacio. Incluso pueden imitar las poses del otro sin pensarlo conscientemente. En esto consiste el mirroring.

Cuando alguien refleja a otra persona, es porque puede reconocer que le gusta o confía en dicha persona. Demuestra que tienen una relación, y que ésta se mantiene. Al reflejar a alguien de tu entorno, lo haces porque sientes que puedes confiar en él. Sin embargo, esto suele llevar bastante tiempo si se construye de forma natural. A menos que puedas establecer una conexión instantánea con alguien, tendrás que pasar por el proceso de construcción de rapport para llegar a él. Estos son los sencillos pasos que debes seguir para reflejar a otra persona.

Crear una Conexión

El primer paso es establecer una relación o una conexión con la otra persona. La forma más sencilla de hacerlo es mirarles directamente o establecer contacto visual. Esto transmite el mensaje de que le estás reconociendo directamente. También puedes captar las señales sutiles que te dan, como sincronizar tu respiración con la suya. Mientras les escuchas, asiente periódicamente con la cabeza y hazlo tres veces. Cuando asientes tres veces con la cabeza, transmites tres cosas importantes a la otra persona. La primera inclinación de cabeza transmite que estás escuchando, la segunda que entiendes y la tercera y más importante que estás de acuerdo. En este punto, notarás que la relación se está construyendo de forma natural.

Señales Verbales

El siguiente paso de la imitación es captar cualquier señal verbal que la otra persona utilice. Puedes empezar a imitar su lenguaje corporal, pero esto hará que se disparen inmediatamente las alarmas en su cabeza. En lugar de eso, simplemente capta los patrones de habla que utiliza. Si hablan en un tono específico, intenta cambiar el tuyo al mismo tono. Si están hablando a su ritmo, acompáñalos con entusiasmo. Al hacer esto, te darás cuenta de que la otra persona seguirá comunicándose durante más tiempo. Esto se debe a que siente que comprendes perfectamente lo que está diciendo, y a que se está desarrollando la relación.

Un Puntuador

El siguiente paso para desarrollar una conexión de espejo es encontrar un puntuador. Un puntuador se refiere a algo que una persona dice o hace para aclarar su punto. Se hace para dar énfasis, ya sea levantando las cejas, inclinando la cabeza o sonriendo cuando dicen algo. Tendrás que prestar atención a lo que dicen, y tarde o temprano te darás cuenta de que hay un puntuador. Se necesita un trabajo activo por tu parte para identificarlo. Si no identificas el puntuador, no podrás imitar completamente sus acciones. Sin esto, la imitación no va a funcionar.

Una vez que creas que has encontrado el puntuador, tendrás que utilizarlo primero cuando te parezca que lo van a utilizar. Por ejemplo, si crees que la otra persona está a punto de levantar las cejas, hazlo tú primero. A medida que la otra persona continúe interactuando contigo, lo más probable es que ni siquiera se dé cuenta de ello, pero sonreirá cuando te vea hacerlo. Esto transmite el mensaje de que estás en sintonía con lo que están diciendo y que estás de acuerdo con ello. Esto también eleva la conexión que compartes y refuerza la relación.

Una vez que hayas seguido los pasos mencionados, el último aspecto es probar la conexión que has creado. La forma más sencilla de hacerlo es rozando tu hombro o haciendo algo activamente para ver si intentan copiarte. Si la conexión es tan fuerte como crees, ellos también harán tus acciones. Sólo tienes que asegurarte de que lo que hagas sea relativamente sutil para que no parezca fuera de lugar.

Por ejemplo, no esperes que los demás imiten tu risa si hablan de un tema extremadamente profundo o personal. Como hemos dicho, cualquier acción que realices debe ser sutil y encajar en el contexto de la conversación. Si te siguen, entonces has hecho un buen trabajo. Si no, tendrás que volver a empezar desde el primer paso y recuperar su confianza.

Anclaje

Una vez que hayas establecido una buena conexión con alguien, el siguiente paso es trabajar conscientemente para intentar alterar su mente. Uno de los medios más eficaces para hacerlo es utilizar la técnica de anclaje. Cuando tratas de anclar a alguien a algo, esencialmente lo preparas para tener una respuesta específica a un estímulo increíblemente específico.

Se puede crear un ancla para que ayude activamente a cambiar su estado de ánimo cuando hacen algo. O tal vez quieras hacer que hagan otra cosa en respuesta a cualquier sentimiento o emoción inútil que los esté abrumando. También puedes utilizar esta técnica para que los demás tomen mejores decisiones, especialmente cuando se sientan fuera de control. Aparte de esto, también puedes utilizar el anclaje para manipular a los demás para que hagan algo específicamente para ti o cumplan tus órdenes.

Una de las tácticas más comunes utilizadas por los manipuladores es crear un desencadenante de miedo a partir de un anclaje muy pequeño que suele ser imperceptible. Puede ser un movimiento leve o distinto de la mano para hacer que la otra persona sienta suficiente miedo como para que sea más obediente. También se puede utilizar para ayudar a otros a dejar de lado hábitos poco útiles como mecanismo de afrontamiento.

El anclaje es una técnica sencilla de seguir, siempre que se tenga una buena relación con la persona a la que se quiere influir. Simplemente hay que averiguar los pasos adecuados y los sentimientos que se quieren anclar. Debes seguir cinco pasos para hacer que otra persona se ancle a un sentimiento concreto.

Seguir estos pasos suele llevar tiempo, y no puedes esperar crear un anclaje al azar sin esfuerzo. En cierto modo, el anclaje te permite condicionar a alguien para que se comporte o piense de una manera específica sin que se dé cuenta. Por lo tanto, se necesita esfuerzo, energía y tiempo para no ser detectado y pasar por debajo de su radar.

Estos son los cinco pasos que hay que seguir.

Seleccione un Sentimiento

El primer paso es identificar el sentimiento específico que quieres instalar en la otra persona. Para ello, tendrás que tomarte el tiempo necesario para pensar en lo que hay que cambiar. Por ejemplo, si sabes que tu pareja tiene problemas de confianza en sí misma, un ancla puede infundir un sentimiento para que no tenga miedo de pedir lo que necesita como y cuando lo necesite. Recuerda que este sentimiento puede ser cualquier cosa. También puede optar por instalar un sentimiento de relajación, ansiedad, tristeza o incluso felicidad. En última instancia, debe tratar de identificar un desencadenante que funcione para usted y para la situación dada.

Seleccionar un Desencadenante

Seleccionar el desencadenante no es más que identificar una forma de instalar el sentimiento específico que quieres en la otra persona. Por lo general, la narración de historias funciona bien en esta situación. Probablemente puedas recordar un momento específico o una sensación que te traiga el sentimiento que quieres que sientan y que deseas instalar. Volvamos al ejemplo anterior, en el que quieres que tu pareja se sienta más segura de sí misma. Al recordar un período en el que ella tenía confianza, automáticamente la incitas a revivir ese sentimiento.

Seleccione un Ancla

Una vez que hayas identificado un factor desencadenante, tienes que centrarte en identificar un ancla que pueda utilizarse para desencadenar dicho sentimiento. Puede ser una vista, un sonido o incluso un olor. Por lo general, el uso de la vista es la forma más fácil de infundir un sentimiento en alguien. Sin embargo, la proximidad es necesaria, por lo que este desencadenante puede utilizarse cuando sea necesario. Determine qué es lo que mejor funciona para usted, para la otra persona y para la situación en cuestión. En el ejemplo anterior sobre cómo infundir confianza en tu pareja, puedes utilizar el tacto. Tal vez puedas considerar la posibilidad de tocar una parte específica de su mano que no suela esquivar.

Desencadenar el Sentimiento

Al hacer esto, lo que se hace es activar el sentimiento que se utiliza como ancla. Puedes empezar recordando un momento concreto o un incidente en el que tu pareja se sintiera segura de sí misma. También puedes decir otras cosas para mejorar su confianza, como elogiarle por el esfuerzo que hace a diario o hacerle un cumplido sobre su aspecto. La idea es que se sientan seguros de sí mismos, de modo que el ancla pueda vincularse. Tendrás que repetirlo de diferentes maneras a lo largo del día para que se quede grabado.

Utilizar el Ancla

Una vez que notes que la otra persona siente lo que tú quieres que sienta, puedes empezar a utilizar el ancla siempre que sea necesario. Si se trata de un toque rápido en la parte interior de la muñeca, simplemente tóquela y sentirá lo que usted quiere que sienta. Si el ancla es una expresión facial específica, hazla, y el activador funcionará. A lo largo de un periodo, hacer esto hace que la otra persona sienta lo que tú quieres que sienta sin necesidad de un pensamiento consciente. Lo único que debes recordar es que siempre que decidas desencadenar un sentimiento específico, el ancla debe usarse con eso. Si no, no será eficaz. Con la práctica, puedes llegar a ser bueno haciendo esto.

El Ritmo y la Dirección

Otra técnica que se utiliza habitualmente en la PNL es el ritmo y la dirección. Esto se refiere esencialmente a tu habilidad para determinar la mejor manera de identificarte o conectar con la otra persona. Esta habilidad les guía a través de tu propia mentalidad en lugar de dejarles permanecer en su propia zona y hacerles hacer lo que tú quieres que hagan. Es posible que sientas curiosidad por saber cómo funciona el ritmo y el liderazgo al leer sobre ello. Si tienes curiosidad por saberlo, enfrentar y liderar ha funcionado, y tú has caído en ello.

Se ha reconocido tu estado actual y luego se te ha guiado gradualmente hacia otro estado previamente ausente llamado curiosidad. Así de sencilla y eficaz es la técnica. Es efectiva por una razón específica porque comienza mencionando algo verdadero y luego pasa a reconocer el estado de alguien antes de dirigirlo activamente a otro estado.

Ayuda a desarmar la mente consciente después de decir la verdad. Después de esto, la mente consciente no presta atención a lo que se dice, y su guardia está baja. Debido a esto, automáticamente se vuelven más susceptibles a lo que dices después.

La forma de utilizar esta técnica puede ser tanto encubierta como abierta. Esta técnica tendrá éxito si puedes seguir el ritmo y guiar a la otra persona. Sin embargo, primero tendrá que crear la relación necesaria. Sin esto, la técnica no funcionará. Además, la mejor manera de utilizar la técnica del ritmo y la dirección es comenzar con el reflejo.

Supongamos que tú y tu cónyuge estáis discutiendo. Tu cónyuge se enfada y levanta la voz. Tú también te enfadas como respuesta, pero no quieres que la situación vaya a más. En ese caso, procura igualar el ritmo de la otra persona. Esto no significa que tengas que gritar a tu cónyuge.

En lugar de gritarle con frustración, contéstale con el mismo tono o intensidad, pero con menos seriedad. Probablemente puedas decirle que tienes hambre o estás aburrido en lugar de gritar con rabia. También puedes mezclar todo y decir que el hambre te ha hecho enfadar. Después, disminuye gradualmente la intensidad con la que hablas, reduciendo también la suya. Este cambio repentino de ritmo puede chocar inicialmente a tu cónyuge, pero deberías descubrir que tu cónyuge también te seguirá a medida que desescales la situación.

Esta maravillosa técnica te ayuda a controlar la mente de otra persona sin que lo sepa. Puede dirigir cualquier conversación en la dirección que desee. Puedes utilizarla en cualquier lugar, desde desescalar peleas hasta conseguir que alguien haga una compra. Sin embargo, no te olvides de los dos pasos importantes que hay que seguir antes de realizarla: crear una relación y reflejarla.

Lectura del Lenguaje Corporal

Otra técnica común de la PNL que es extremadamente efectiva es la lectura del lenguaje corporal. Dedica el tiempo necesario a entender la comunicación no verbal y obtendrás una mejor lectura de lo que otras personas están sintiendo, pensando o incluso de sus intenciones. Entender sus intenciones hace que sea más fácil influir o controlar la situación según tus deseos. Cuando puedes leer el lenguaje corporal, automáticamente mejora tu capacidad para entender lo que están pensando. Sin embargo, si aprendes a utilizar tu propio lenguaje corporal, podrás averiguar la mejor manera de interactuar con los demás para cambiar sutilmente sus sentimientos.

Al igual que con el reflejo, es muy probable que otra persona siga tu ejemplo si consigues conectar con ella. ¿Y si utilizas tus señales no verbales para ayudarles a cambiar de opinión o incluso a calmarles? Tal vez esté hablando con alguien que duda sobre la compra de algo.

Al reflejar y asentir sutilmente con la cabeza, le empujas suavemente a estar de acuerdo con lo que quieres que haga. Al hacer esto, le estás dando un suave empujón para que tome la decisión final que a ti te favorece. Si la otra persona parece estar dudando sobre la idea impulsada, y tú has intentado hacerla cambiar de opinión, pero no parece funcionar, entonces probablemente sea mejor seguir adelante.

Hay diferentes maneras de utilizar esta técnica. Si alguien parece estar molesto, imítalo para crear una buena relación y luego utiliza el lenguaje corporal para calmarlo. Se trata de una versión puramente física de las técnicas de guía y ritmo que se han presentado en el punto anterior. Puede ser muy eficaz siempre que se haga correctamente.

Capítulo 10

Cómo Utilizar el
Poder de la Hipnosis

¿Qué es lo primero que le viene a la cabeza al oír la palabra hipnosis? Lo más probable es que se imagine a un mago llamando a alguien del público y haciendo oscilar un péndulo ante sus ojos mientras le dice que imagine algo. Pronto, el espectador empieza a graznar como un pollo o a hablar como si fuera una persona diferente. Esto es lo que el mundo del espectáculo nos ha enseñado sobre cómo es la hipnosis. Esto no podría estar más lejos de la verdad.

Antes de que empieces a aprender sobre la hipnosis, necesitas recordar todo lo que te han presentado hasta ahora en el libro. Entiende que la mente de otra persona es un espacio sagrado y debe ser tratada como tal. Si quieres influir en los demás, hazlo con ética. Hipnotizar a alguien para tus fines egoístas no sólo es peligroso, sino que ni siquiera es recomendable. La hipnosis en sí misma no es mala.

En estos días la hipnosis ha ido ganando mucha atención. Las mujeres se han estado hipnotizando a sí mismas para superar el parto, centrándose en las contracciones y haciendo el proceso más llevadero. También la utilizan quienes intentan liberarse de hábitos poco saludables. La hipnosis también se utiliza para profundizar en el propio pasado o incluso para mejorar la confianza y la autoestima. No faltan los usos de la hipnosis ni el número de personas que están dispuestas a probarla. No hay razón ni daño en intentar cualquiera de las técnicas de control mental que se discuten en este libro, siempre que se haga de forma ética y sea consensuada. Nunca se insistirá lo suficiente en la importancia del consentimiento, especialmente en lo que respecta a la hipnosis.

Ahora, adentrémonos en el mundo de la hipnosis. En este capítulo, aprenderás cómo funciona la hipnosis y comprenderás que no te da un control total sobre las personas como se muestra en las películas o los dibujos animados. Por el contrario, las lleva a un estado de completa relajación y máxima sugestión, en el que son susceptibles a cualquier sugerencia que usted les haga. Conocerá algunos usos positivos de la hipnosis, como durante el parto o el nacimiento. También conocerá los diferentes pasos que se utilizan para hipnotizar a otra persona que sea un sujeto dispuesto. Si todo va bien, al final te darás cuenta de que influir en los demás es más fácil de lo que crees.

Cómo Funciona la Hipnosis

La hipnosis suele funcionar porque hay un participante dispuesto. Esto significa que el sujeto que está siendo hipnotizado está dispuesto a relajarse y a entrar en un estado hipnótico. El hipnotizador fomenta entonces los pensamientos o comportamientos deseados en la persona hipnotizada. En una sesión de terapia normal, podría tratarse de animar a un individuo a resistirse a fumar o a hacer ejercicio más a menudo. También podría animar a un individuo a superar una relación pasada y mirar hacia un futuro mejor. Permite efectivamente la implantación de pensamientos, pero con la cooperación y el consentimiento del sujeto.

Desde esta perspectiva, el hipnotizador desempeña esencialmente el papel de un entrenador que guía a la otra persona a través del subconsciente y crea el resultado del individuo hipnotizado, deseado o esperado. El hipnotizador consigue ayudar a los individuos a progresar a través de una serie de pasos de la hipnosis y, al hacerlo, los guía hacia un estado de completa relajación.

El consenso sobre el estado de hipnosis es que se asemeja a la sensación de estar dormido. El individuo que está siendo hipnotizado se siente tan relajado que es completamente inconsciente del mundo que le rodea y de todo lo que ocurre en él. Sin embargo, esto no podría estar más lejos de la realidad.

Mientras se está en un estado hipnótico, no se está inconsciente o desconcentrado. Por el contrario, tu mente está increíblemente concentrada y extremadamente consciente. La única diferencia es que en un estado hipnótico, la mente es consciente y se concentra sólo en lo que el hipnotizador está diciendo. Si el hipnotizador utiliza algún objeto focal o un accesorio, eso también estará enfocado. Debido a que tu mente está enfocada en un momento específico o una instancia, puede ser fácilmente influenciada.

El hipnotismo funciona gracias a la diferencia entre la mente consciente y la subconsciente. Aunque trabajan juntos, la mente consciente suele desempeñar un papel activo como filtro o barrera a la que se expone el subconsciente. Esto significa que la mente consciente es como un perro guardián que protege la mente. Así, si sigue interfiriendo, no puede llegar a la mente subconsciente, que es más susceptible e impresionable. La mente subconsciente es el lugar al que deben llegar las sugestiones, y si la mente consciente la vigila con toda la atención, la hipnosis no funciona.

La mente consciente se distrae fácilmente cuando se le anima a centrarse únicamente en un objeto o una acción específicos. Ya sea la respiración o un péndulo que se balancea, cuando la mente se concentra sólo en una cosa, se distrae efectivamente. Esto es lo que le ocurre a un perro cuando le tiras un hueso. Correrá alegremente tras el hueso y lo masticará mientras tú puedes avanzar. En cierto modo, durante la hipnosis, se lanza un hueso a la mente consciente, tan centrada en el hueso que no presta atención a nada más.

Durante esta etapa, el hipnotizador puede hacer fácilmente diferentes sugerencias. Puede hablar con la persona que está siendo hipnotizada y asegurarse de que su mente subconsciente absorbe e interioriza completamente todo lo que dice. Una vez que estos pensamientos están incrustados en su mente subconsciente, actuarán sobre ellos incluso cuando sean conscientes. Dado que la mente subconsciente es la responsable de impulsar las acciones sin que la mente consciente les preste atención, los comportamientos sugeridos por el hipnotizador se vuelven bastante fáciles y surgen de forma natural. Como la mente subconsciente lo está haciendo, simplemente sucede.

Anteriormente en la PNL, se le presentó el concepto de cómo la mente subconsciente controla todo. Esto es más o menos lo que está sucediendo durante la hipnosis también. Al igual que con la PNL, incluso la hipnosis asegura que la mente subconsciente actúa de acuerdo con lo que la persona que está siendo hipnotizada quiere hacer.

¿Por Qué Debería Usar la Hipnosis?

Ahora que sabes lo que significa la hipnosis y cómo funciona, puede que te preguntes por qué alguien querría usar la hipnosis en sí mismo hasta el punto de pagar a alguien para que le ayude con este proceso. La respuesta a esto es increíblemente simple porque la hipnosis es una herramienta extremadamente poderosa.

Después de todo, influye directamente en la parte potente de la mente; la mente subconsciente. Asegúrese de que la hipnosis se utiliza siempre precisamente porque anima a la persona que está siendo hipnotizada a aprovechar su mente subconsciente y desbloquear su verdadero potencial. Por lo tanto, no se trata sólo de ser precavido; también hay que ser responsable y ético al practicar la hipnosis.

Se ha mencionado en repetidas ocasiones que la mente humana es increíblemente poderosa, y mediante el uso de la hipnosis, se puede sacar su verdadero poder y aprovecharlo. Algunos de los beneficios más comunes que ofrece la hipnosis incluyen la ayuda a cualquier persona para hacer frente a cualquier desencadenante de las fobias o la ansiedad que albergan.

Si la causa de la fobia o la ansiedad está profundamente arraigada en el subconsciente, ¿qué podría ser mejor para abordarla que dirigirse directamente a esa zona del cerebro? También puede ser muy útil para controlar el dolor sin necesidad de medicación. Esto es útil para aquellos que necesitan medicación para el dolor, pero que tienen un mayor riesgo de adicción o de abusar de la medicación si la tienen. También se puede utilizar la hipnosis para combatir el estrés porque ayuda a un individuo a entrar en un estado mental relajado y libre de todas las distracciones.

Al igual que con cualquier otra herramienta de control mental o manipulación mencionada en la psicología oscura, la hipnosis también puede ser utilizada con fines nefastos. Algunos utilizan la hipnosis para obtener un control total sobre otros. Un ejemplo común es el lavado de cerebro practicado por las sectas.

Basándose en la repetición de ciertas palabras o métodos, los que lo realizan se introducen en las mentes subconscientes de las víctimas involuntarias y les lavan el cerebro. Por lo tanto, se puede decir que la hipnosis puede ser peligrosa para aquellos especialmente susceptibles a sus efectos. No todo el mundo es susceptible a ella, pero la mayoría de los individuos lo son, lo que significa que estas personas pueden ser controladas por extraños sin saberlo y a escondidas y ser totalmente inconscientes de lo que les está ocurriendo.

Empezar a Usar la Hipnosis

La hipnosis suele producirse de diferentes maneras. Algunos prefieren bombardear los sentidos para desencadenar un estado de semiconsciencia, mientras que otros suelen adormecer a la persona hipnotizada en un estado de relajación utilizando la meditación guiada o la narración de historias. Independientemente del método que decida utilizar, el resultado siempre será el mismo. Tendrás a una persona siendo controlada sin que se dé cuenta de lo que está sucediendo. En esta sección, vamos a ver dos métodos simples que se suelen utilizar para desencadenar un estado de trance hipnótico en el que la persona hipnotizada es totalmente obediente al hipnotizador.

Bombardeo

¿Alguna vez has tenido que asistir a clases en la universidad en las que la voz del profesor te daba mucho sueño? ¿O tal vez eran tan extraordinariamente aburridas que, independientemente del tema que se tratara, te quedabas dormido? Aunque no sea intencional, este es más o menos el estado que los hipnotizadores tratan de lograr.

Al utilizar el método de bombardeo de la hipnosis, se crea una fuente de estimulación constante y estable que bombardea completamente los sensores individuales y los adormece en un estado de trance. Puede ser algo tan simple como que alguien hable rápidamente con una voz plana sin ninguna modulación o incluso utilizar la voz unánime de alguien para acabar aburriendo a la persona, para que entre en un estado de trance.

Cuando el flujo de información es estable, constante y eterno, la capacidad del cerebro para procesar la información se reduce. Durante este estado, resulta difícil entender lo que se dice. En este caso, el cerebro es automáticamente más susceptible a cualquier otra sugerencia externa o a la información a la que se expone.

Para utilizar esta técnica, hay que seleccionar un tema concreto y ceñirse a él durante un par de minutos y asegurarse de que la voz es lo más plana posible. Esto significa que no debe haber ninguna modulación en el tono ni en la afinación. Tienes que hablar todo lo posible durante este tiempo y no debes ceder. Incluso cuando veas que la otra persona empieza a perder la concentración, sigue adelante.

Cuando empiecen a perder lentamente la concentración, puedes comunicarte directamente con su mente subconsciente. Utilice esta instancia para hacer sugerencias y fomentar comportamientos específicos que tú o la persona que está siendo hipnotizada desea.

Hipnosis No Verbal

Otro método utilizado para inducir un estado hipnótico similar al anterior se realiza sin bombardear los sentidos. En cambio, se hace en completo silencio. Sin embargo, aún necesitarás tener una relación con la persona que quieres hipnotizar. Dado que la idea es aprovechar la tendencia a reflejar lo que tú sugieres para que la hipnosis sea efectiva, la compenetración es necesaria.

Al utilizar este método, debes asegurarte de que sigan tu lenguaje corporal. Por lo tanto, tendrás que empezar a hacer algo repetitivo o cualquier cosa de forma rítmica que sea sutil y esperar que la otra persona te siga. De este modo, conseguirás el mismo efecto relajante que tiene el balanceo en los niños. El balanceo suele adormecer a los niños. Esto se aplica también a los adultos, y no sólo a los bebés. Es muy probable que muchos ni siquiera se den cuenta de que son susceptibles de realizar tales acciones.

En primer lugar, debes asegurarte de que tienes una buena relación con la persona a la que quieres hipnotizar.

Una vez establecida la relación, refleje activamente lo que la otra persona dice y hace durante un tiempo hasta que empiece a corresponder. Y entonces, tienes que utilizar diferentes movimientos, algo así como un movimiento de vaivén para llevar al otro individuo a un estado de completa relajación. Es fundamental que, independientemente de lo que hagas, el movimiento sea sutil y se siga con facilidad sin que destaque, incluso cuando se haga alrededor de otras personas.

Quizá puedas inclinar la cabeza en un movimiento de vaivén o moverla ligeramente de un lado a otro. El movimiento no tiene que ser obvio, pero lo único que importa es que el movimiento debe hacerse de forma suave, sutil y rítmica.

Si realizas el movimiento de forma suave y continuada, puedes empezar a utilizar gradualmente más parte de tu cuerpo, siempre que seas sutil en tus movimientos. Quizás puedas girar los hombros mientras mueves la cabeza. Simultáneamente, también puedes moverte lentamente hacia delante y hacia atrás sobre los talones. Puedes alterar tu respiración para asegurarte de que la persona a la que quieres hipnotizar respira más tranquila y profundamente para entrar en un estado de relajación.

Si tienes una buena compenetración con la otra persona y confianza en la relación, tarde o temprano empezará a seguir y hacer tus movimientos y señales. A medida que empiecen a relajarse lentamente, notarás que son más susceptibles a lo que dices. Esto significa que aumenta tu capacidad para conseguir que interioricen la información que les ofreces. Asegúrate de comunicar completamente todo lo que quieres que su mente subconsciente sepa antes de sacarlos del estado hipnótico o de detener la hipnosis. De lo contrario, saldrán del trance antes de tiempo, la hipnosis terminará y todos los esfuerzos realizados hasta el momento quedarán inútiles.

Capítulo 11

Protegerte a Tí Mismo

Hasta ahora, se le han presentado diferentes aspectos de la psicología oscura y las técnicas y tácticas que se pueden utilizar para manipular a los demás. Sin embargo, es igualmente importante protegerte a tí mismo. Recuerda que no eres el único que tiene acceso a esta información. Es posible que otros ya la conozcan y la utilicen. Para asegurarte de que no te conviertes en una víctima involuntaria, debes aprender a identificar al manipulador y luego aprender a protegerte contra la manipulación.

Identificar a un Manipulador

Identificar al manipulador no es fácil, especialmente si es hábil en ello. Puede ser difícil detectar a alguien que es un manipulador, pero aprender a hacerlo es una habilidad muy útil. Recuerda siempre que el conocimiento es poder, y el poder es la mejor defensa contra cualquier situación en la que puedan aprovecharse de ti.

Para reconocer e identificar a un manipulador, debes buscar los diferentes rasgos y comportamientos que presenta. Si quieres determinar si la otra persona es un manipulador o te está manipulando, debes detenerte y reflexionar sobre la relación que compartís. En cuanto sepas lo que estás buscando, te darás cuenta de que su manipulación será más transparente que nunca.

Una habilidad común que poseen la mayoría de los manipuladores es cómo socavan la capacidad de su víctima para confiar en sí misma. Una de las formas más comunes de manipulación se conoce como gaslighting. En los capítulos anteriores se te presentó este concepto, junto con diferentes notas sobre cómo debes ser cauteloso al utilizarlo. Durante el gaslighting, la manipulación llega a tal punto que la víctima comienza a cuestionar su propia cordura y su versión de la realidad. Les lleva a una situación en la que no saben si las cosas son reales o si son parte de su imaginación hiperactiva.

Cuando te cuestionas constantemente lo que está sucediendo, o estás paralizado por una excesiva duda sobre tu vida, lo más probable es que estés tratando con un manipulador. Podría ser tan simple como tomar el último trozo de pizza justo antes de ti y luego negarlo cuando lo mencionas más tarde. Si sientes que alguien te está dando gaslighting , entonces hay muchas posibilidades de que te estén manipulando.

Otra cualidad de los manipuladores es que suelen decir algo muy distinto de lo que hacen. Sus palabras y acciones rara vez coinciden. Si te están manipulando, abre los ojos y date cuenta de que habrá diferentes casos en los que activamente digan una cosa mientras hacen lo contrario.

Por ejemplo, una pareja manipuladora puede decir que está haciendo todo lo posible para apoyar y mejorar tu confianza. Sin embargo, su comportamiento y acciones no coinciden con su objetivo declarado. No tiene sentido que alguien te critique constantemente y diga que lo hace para fortalecerte. No es más que una señal de manipulación.

Una emoción que los manipuladores utilizarán contra sus sujetos o víctimas es la culpa. Si sientes constantemente culpa cerca de una persona específica y no puedes determinar por qué sientes esta emoción, lo más probable es que estés siendo manipulado. Se sentirá como si la culpa fuera un hecho común y un compañero constante.

Por mucho que lo intentes, no podrás escapar del sentimiento de culpa, independientemente de que estés haciendo todo lo posible. Puedes tomarte todo el tiempo necesario y pensar en por qué te sientes culpable, pero no puedes determinar qué más podrías haber hecho mejor para aliviar esa culpa. Entiende que esto no es culpa tuya en absoluto. Si te sientes constantemente culpable, es hora de reevaluar si simplemente estás rodeado de otras personas deseosas de herirte o menospreciarte.

A los manipuladores les encanta ser el centro de atención. Se rebajarán a acciones negativas si no pueden conseguir la atención a través de las positivas. Suelen jugar la carta de la víctima increíblemente bien. Por lo general, los manipuladores se presentarán a sí mismos como la víctima, que casi siempre será su culpa.

Independientemente de lo que haya sucedido o de cómo hayan transcurrido los acontecimientos en la versión de la realidad del manipulador, tú serás el malo de la película. Incluso algo tan simple como olvidarse de comprar los cereales favoritos de tu pareja puede volverse en tu contra. Si te das cuenta de que, de alguna manera, siempre te pillan con el pie cambiado o te dicen que estás equivocado, no es una relación sana.

¿Alguna vez se ha encontrado con la frase "demasiado poco y demasiado tarde"? Pues bien, lo contrario es cierto cuando se trata de un manipulador. Suelen ir a por "demasiado y demasiado pronto" en las relaciones. Son los que llevan la relación demasiado lejos y lo hacen demasiado rápido. Esto se debe a que tratan de llevar la relación rápidamente para ganar el control sobre su pareja e influir en ella a fondo. También pueden estar dispuestos a compartir más de lo necesario para convencer a los demás de que están siendo sinceros en todo lo que hacen. También convencerán intencionadamente a todos los implicados de que lo que ellos requieren o necesitan es más importante que los demás. Llegan a extremos para mostrar su amor y afecto durante las etapas iniciales y empujan constantemente los límites de la relación.

Tanto en las relaciones personales como en las profesionales, estos manipuladores utilizarán su vulnerabilidad fingida para engañar a los demás y empujar las relaciones antes de que se establezca la confianza adecuadamente.

Un manipulador casi siempre estará aparentemente feliz de ser útil. Sin embargo, casi siempre lo convertirá en un acto de martirio.

Puede que hayan accedido inicialmente, pero luego mostrarán todas las formas de reticencia que probablemente puedas imaginar. Si les preguntas a qué se debe su reticencia, es muy probable que simplemente lo nieguen. También es posible que te hagan sentir culpable por haber sugerido que son reacios.

El manipulador encontrará la manera de volverlo contra ti. Recuerda que, al tratar con ellos, ninguna buena acción queda impune. A pesar de lo bien situadas o bienintencionadas que sean tus intenciones, serán utilizadas en tu contra.

Otra cosa que debe recordar siempre al tratar con un manipulador es que irá un paso por delante de ti. Esta es una de las razones por las que las víctimas no se dan cuenta de lo que les está pasando hasta que el daño ya está hecho o hasta que están demasiado involucrados en la relación. Si te pasa algo, el manipulador siempre lo tendrá peor que tú.

Si tú has tenido un mal día, el suyo será peor. Si tú has tenido un buen día, el suyo será excelente. Independientemente del lado del espectro al que te inclines, estará un paso por delante de ti y hará todo lo posible por demostrarlo. Por ejemplo, si llegas a casa y te quejas de lo molesto y agotador que fue el trabajo, el manipulador creará una situación dramática para invalidar lo que sientes. Al fin y al cabo, quieren ser el centro de atención y no soportan que les quiten el protagonismo.

Defiéndete de la Manipulación

Las diferentes técnicas y tácticas asociadas a la psicología oscura que conociste en los capítulos anteriores no son malas por sí mismas. Se convierten en malvadas dependiendo de la intención de la persona que las ejerce. Por lo tanto, puedes utilizar la psicología oscura para mejorar tu vida o la de un ser querido. También puedes utilizarla para el desarrollo personal. Sin embargo, la mayoría de las formas de manipulación rara vez son útiles y casi siempre son perjudiciales.

Un problema común cuando alguien está siendo manipulado es que no se dan cuenta de que son víctimas hasta que es demasiado tarde. Durante las etapas iniciales, ni siquiera se dan cuenta de que otra persona les está manipulando. Cuando finalmente se dan cuenta de que lo son, empiezan a defenderse. Sin embargo, es necesario avanzar durante esta etapa para mantener su vida, lo que será difícil. También será difícil poner fin a la manipulación.

Entiende que tu confianza, dignidad y tranquilidad no están obligadas a hacer nada que no te apetezca. No tienes que dejar que los demás te presionen. Aquí tienes algunas soluciones sencillas y eficaces para cualquier manipulación de la que seas objeto.

Conozca Sus Derechos

Una de las mejores maneras de protegerte es reconocer tus derechos inherentes como individuo. Todos tenemos derechos humanos básicos y, por lo general, los maltratadores intentan esquivarlos. Cuando aprendes a reconocer estos derechos, defenderte y defenderlos es más fácil. Puedes decirle a la otra persona que no estás dispuesta a soportar ninguna falta de respeto o abuso que vaya en contra de tus derechos. En lugar de acostarte en silencio, puedes tomar mejores decisiones. Puedes exigir el trato que sabes que mereces.

Algunos derechos básicos que debes conocer son que eres libre de expresar tus pensamientos, sentimientos, deseos y creencias. No tienes que sentirte culpable sin ninguna razón y tienes derecho a la libertad de opinión. También tienes derecho a que se te respete mental, emocional y físicamente. Tienes derecho a mantener y hacer valer tus límites, y también tienes derecho a la felicidad y al trato respetuoso.

Todos estos derechos fundamentales están garantizados para todos los seres humanos. No estamos hablando de derechos desde una perspectiva legal. Se trata más bien de cosas inherentes que todos los seres humanos esperan de los demás. Cuando te das cuenta de que mereces un trato respetuoso y lo exiges sin excepciones, te resulta más fácil ponerte firme y afirmar que no tolerarás más nada que te falte al respeto.

También resulta más fácil protegerte de cualquier forma de manipulación mental una vez que te das cuenta de que eres el único dueño y controlador de tus pensamientos, emociones, sentimientos, creencias, opiniones o ideas. Tú eres el único que tiene control sobre ellos. Una vez que sepas esto, podrás protegerte. Puedes protegerte aún más comprendiendo que no sólo mereces establecer límites, sino que también puedes ponerlos en práctica sin excepciones.

Hacer valer tus límites es también un signo de autoestima. Muestra lo que puedes y no puedes tolerar. También te enseña si la vida que estás viviendo está de acuerdo con tus creencias o no. Si algo está causando una discordia interna que afecta a estas creencias, es porque se están violando algunos límites que has creado. Mantener los límites te da un mejor sentido de quién eres y también de lo que deseas.

Empezar a Indagar

El interrogatorio es una técnica maravillosa que ayudará a acabar con la manipulación. Cuando alguien plantea una petición y no quieres complacerle, sólo tienes que empezar a sondearle para defenderte de la manipulación. Si un manipulador hace una petición que le parece razonable pero que a ti no te parece razonable, pídele que aclare su petición.

Pregúntale si simplemente está tratando de salirse con la suya tergiversando las cosas. Al hacer esto, básicamente estás devolviendo la responsabilidad al manipulador y desviando el foco de atención de ti mismo. Si crees que alguien no está siendo razonable, simplemente replantea su demanda irrazonable en forma de pregunta.

Por ejemplo, si tu pareja quiere que conduzcas a través de la ciudad y recojas comida de un lugar que le gusta después de que hayas tenido un día extremadamente agotador y estés estresado, es el momento de empezar a cuestionarlo. Pregúntales si creen que esperan que lo hagas y si no ven que estás cansado.

La respuesta que te den te dirá mucho sobre ellos. También te permitirá conocer mejor tu relación y saber por qué la otra persona te da por sentado. Si tu campana de alarma interna se dispara en una situación concreta, hazle caso. Si tu instinto te dice que algo va mal, lo más probable es que las cosas no sean lo que parecen. Aprende a confiar un poco en ti mismo y te resultará más fácil protegerte de nuevas manipulaciones.

El sondeo funciona sencillamente porque en lugar de ser manipulado, tú le das la vuelta a las cosas y devuelves la presión al manipulador. Cuando puedes redirigir eficazmente al manipulador, puedes cambiar de táctica. En lugar de estar a la defensiva, ahora estás a la ofensiva.

En lugar de defenderte, pones al manipulador en una posición en la que tiene que defenderse. Después de esto, también tienes la oportunidad de señalar todo lo que está mal con la sugerencia o la petición que han hecho. El manipulador tiene entonces la opción de aceptar que lo que está diciendo no es razonable, o tendrá que negar que ha hecho esa petición. En cualquier caso, la pelota está en su tejado.

Diga No y Hagalo Valer

¿Te has encontrado alguna vez en situaciones o circunstancias en las que no te habrías encontrado si hubieras dicho "no" y lo hubieras hecho valer? Tanto si se trata de la incapacidad de rechazar la petición de un jefe de trabajar horas extras el fin de semana como de la petición poco razonable de un cónyuge, nunca es demasiado tarde para aprender a decir que no. De hecho, aprender a decir no es una habilidad que te resultará útil en todos los aspectos de tu vida, independientemente de si se trata de tus relaciones profesionales o personales.

De hecho, decir que no y hacerlo valer es una señal de la aplicación de tus límites. Por lo general, la mayoría de nosotros luchamos con esta simple capacidad de decir no porque tenemos demasiado miedo de defendernos. También nos preocupa cómo nos percibirán los demás si decimos que no o nos negamos a hacer algo. Pues bien, debes comprender que la verdadera aceptación y la felicidad siempre surgen del interior. Estas cosas no pueden basarse en cómo se comportan los demás contigo. Si le das este poder a los demás, nunca serás capaz de defenderte a ti mismo. Además, estás allanando el camino para una mayor manipulación.

Si no te defiendes, te verás presionado y los demás esperarán que cumplas sus órdenes. Al aprender a decir que no, estás quitando este poder a los demás y estás recuperando el control sobre él. Esto se debe a que el único poder que un acosador tiene sobre ti es su poder para gobernar tu vida.

Al aprender a decir no, estás diciendo a los demás que ya no pueden controlarte y que tú eres el dueño de tu destino. Estás diciendo que no consientes que te tomen el pelo o se aprovechen de ti. Si aprendes a decir que no, podrás evitar eficazmente caer en cualquier problema causado por otros manipuladores.

Los manipuladores suelen utilizar algo conocido como el síndrome de la chica buena o del chico bueno. Esencialmente significa que trabajan asumiendo que sus sujetos dirán que sí porque son educados. Una vez que saben que cederás a cualquier cosa que digan, no se lo pensarán dos veces antes de aprovecharse de ti. Siguen haciendo esto sin ceder.

La única forma de acabar con ello es imponiendo tus límites. El no por sí mismo es una respuesta y una afirmación. Dicho esto, tienes que mantenerte firme si lo dices. No tiene sentido limitarte a decir las palabras si tus acciones o comportamientos demuestran lo contrario.

Si sueles tener problemas con esto, ¿por qué no empiezas a hacer pequeños cambios? Cuando alguien te haga una petición, y sepas que no quieres complacerla, ve y discúlpate por no poder hacerlo. No tienes que dar explicaciones por mucho que la otra persona insista en buscar una razón. Si cedes y les das una razón, tendrán un contraargumento preparado. Tarde o temprano, acabarán manipulándote y controlándote.

Para evitarlo, simplemente di que no y mantente firme. Cuando empiezas a decir que no, también ayuda a analizar las relaciones en tu vida. Si algunas se disgustan porque dices que no, probablemente deberías replantearte esas relaciones. Un ser querido nunca te pediría que hicieras algo que no quieres hacer.

Comprende que las personas que te quieren no querrán que comprometas tus límites. Por el contrario, siempre serán tu sistema de apoyo. Cualquier relación que no cumpla estas condiciones puede ser eliminada. Es mejor cortar esas relaciones antes que después. Después de todo, ¿necesitas más toxicidad o negatividad en tu vida?

Está Bien No Encajar

En los capítulos anteriores, se le presentaron diferentes técnicas y tácticas que pueden utilizarse para controlar a los demás o incluso manipularlos. La mayoría de ellas se basan en la creación de una relación. Esto se debe a que, como humanos, somos animales sociales y queremos tener una sensación de conexión. A todos nos gusta encajar, y a nadie le gusta ser el raro. El deseo de encajar, especialmente mostrando coherencia, es bastante alto. Esta es una de las cosas con las que cuentan los manipuladores para impulsar sus programas. Son ellos los que esperan que atiendas a sus caprichos y fantasías aunque hayas tenido un día extremadamente agotador y no te quede energía. Esperan que te comportes como una cadena de montaje. Las cadenas de montaje son siempre constantes, pero tú no eres una máquina. Eres humano. Se trata de cómo los manipuladores te mantienen efectivamente en una caja y controlan tu vida. Para asegurarte de que no te manipulan así, tienes que sobrepasar todos los límites que los demás han establecido para ti. No tienes que encajar y debes entender que está perfectamente bien destacar.

Si te limitas a algo, no puedes crecer ni desarrollarte. El crecimiento siempre se produce fuera de tu zona de confort. Así que, si te sientes atascado, busca las razones por las que te sientes así. Si los límites son demasiado restrictivos o no los has establecido, ¿qué sentido tiene intentar seguirlos?

No te Comprometas

La culpa es una emoción extremadamente poderosa, pero también es un obstáculo la mayoría de las veces. Es una emoción que los manipuladores utilizarán como arma contra ti. Ya sea un fracaso pasado, un pequeño error o el hecho de que seas feliz y tengas éxito, harán todo lo posible para que te sientas culpable por todo ello. Creen firmemente que los demás no tienen derecho a sentirse bien consigo mismos. Si alguien te hace sentir culpable constantemente, independientemente de si estás haciendo algo bueno o malo, tendrás que replantearte esa relación.

Del mismo modo, también tratarán de instrumentalizar cualquier atisbo de duda sobre sí mismos que perciban. Si dudas constantemente de ti mismo o te preocupas demasiado antes de tomar una decisión, lo utilizarán en tu contra. Cuando no puedas decidir por ti mismo, otros empezarán a tomar decisiones por ti. En esos casos, tendrás que vivir con las consecuencias y con cualquier resentimiento que sientas hacia ellos. En lugar de sentirte culpable sin motivo y de dudar de ti mismo cuando no es necesario, arregla estas dos cosas. Está bien sentirse culpable cuando se comete un error. Está bien dudar de ti mismo cuando las cosas van mal. Sin embargo, vivir en un estado constante de culpa y duda no está bien. Estas cosas te frenarán y harán que sea más fácil que otros te manipulen. Recuerda que te mereces la vida que quieres. También tienes derecho a sentirte orgulloso de ti mismo y de tus logros.

No Pidas Permiso

La mayoría de nosotros hemos sido entrenados para pedir permiso antes de hacer algo. Tanto si se trata de esperar el turno para hablar como de esperar en una cola, todos lo hacemos. En la mayoría de los casos, pedir permiso antes de hacer las cosas está bien, sobre todo cuando se trata de otra persona. Sin embargo, nunca conseguirás lo que deseas si sigues esperando sin hacer nada. Esto es como entender que está bien no encajar. No tienes que esforzarte en ser educado para que los demás se sientan cómodos. Está bien en determinadas circunstancias, pero no debe convertirse en la norma. Si buscas constantemente el permiso antes de hacer algo, no podrás conseguir nada de lo que deseas en la vida.

Eres Responsable de Ti Mismo

Aparte de todas las sugerencias mencionadas hasta ahora, algo que debes entender y no olvidar nunca es tu responsabilidad contigo mismo. Tú eres el único que tiene el poder de decidir lo que sientes, piensas y haces. A menos que cedas conscientemente este poder a otros, nadie puede controlarte. Esto me recuerda un dicho que dice: "Si me engañas una vez, te avergüenzas. Si me engañas dos veces, qué vergüenza". Si alguien te ha manipulado repetidamente o dejas que los demás te pisoteen, es hora de que asumas tu responsabilidad. Esto es algo que no se puede entregar a nadie más. No te conviertas en un saco de boxeo para los demás. Confía en tus instintos si sientes que los demás no te tratan bien. No necesitas la simpatía ni la ayuda de los demás para salir de esto. En su lugar, date cuenta de que tienes la fuerza necesaria para afrontar cualquier situación. Esto no significa que debas empezar a culparte por haber sido manipulado. Por el contrario, significa simplemente que debes buscar en tu interior también para encontrar soluciones.

Habrá una razón por la que un manipulador se dirigió a ti. Incluso si sus motivos son francamente malvados, algunos rasgos que exhibiste los atrajeron hacia ti. Debes entender que las personas manipuladoras existen y que sus acciones rara vez son correctas. Esto no es una excusa para darles un pase libre para salirse con la suya. No puedes ser manipulado sin tu permiso. Tú eres el único responsable de ti mismo, incluido tu éxito. Si alguien te dice repetidamente que no eres lo suficientemente bueno, tienes la opción de decidir si debes creerle o no. Si decides ignorarlos, también es una decisión consciente.

Todos cometemos errores, pero si no aprendemos de ellos, no podemos avanzar. Si estás dispuesto a mejorar, no hay nada malo en cometer errores. Una vez que entiendas que cometer un error no es el fin del mundo, automáticamente estarás mejor equipado para afrontar cualquier reto que se presente en el camino. Esto, a su vez, te fortalece tanto mental como emocionalmente. Si alguien te hizo daño en el pasado, o te viste atrapado en una situación en la que te dejaste manipular, aprende la lección. No hay razón para dejar que el pasado se repita.

Conclusión

Enhorabuena por haber llegado al final de este libro. A estas alturas, te habrás dado cuenta de lo que significa la psicología oscura y de lo útil que es en realidad. No es tan insidiosa como parece en la superficie. Por el contrario, incluye varias tácticas comúnmente empleadas en la vida cotidiana para salir adelante de una u otra forma. No se trata simplemente de doblegar a los demás a tu voluntad o hacerlos obedientes. También puede tratarse de algo tan sencillo como cerrar un trato importante en una reunión de negocios o convencer a posibles compradores de que adquieran algo sobre lo que antes dudaban.

Entender los matices de la psicología oscura te será útil en diferentes aspectos de tu vida. También puede ser un medio para alcanzar cualquiera de los objetivos que te hayas marcado. Ciertamente, le da una ventaja competitiva en este mundo siempre cambiante y dinámico.

Aunque la psicología oscura rara vez parece deseable debido a su representación habitual y a los malentendidos sobre ella, está en todas partes. Una variedad de técnicas y tácticas incluidas en ella ayudarán a que los demás hagan tu voluntad. Te asegura que están en tu esquina y que son participantes activos y contribuyen a cualquier cosa que quieras lograr. Utiliza el inmenso poder de la mente humana y muestra cómo se puede aprovechar para salir adelante o llegar a donde uno quiere.

Ya sea en tu vida personal o profesional, puedes alcanzar el éxito que deseas utilizando su poder. Este libro será tu guía para entender y desbloquear el poder de la psicología oscura.

En este libro, se te han presentado diferentes aspectos de la psicología oscura que van desde lo que significa y cómo funciona la manipulación hasta las áreas en las que se utiliza comúnmente. Varias técnicas y tácticas forman parte de la psicología oscura y la manipulación, que van desde la mentira y las bromas sarcásticas hasta el engaño. También incluye diferentes formas de influencia y persuasión.

Tanto si se trata de hacer entender tu punto de vista a alguien que está en el poder como si deseas influir en otros para hacer amigos, la psicología oscura resulta muy útil. La información necesaria para hacer todo esto se proporciona en este libro con gran detalle. Una vez que estés armado con la información dada en este libro, no sólo te convertirás en un experto en conseguir que otros te escuchen, sino también en detectar la manipulación. Ya no serás una víctima involuntaria de la manipulación en ninguna de sus formas. No tendrás que estar a merced de otra persona. En cambio, te convertirás en el escritor de tu propio destino.

Debes recordar siempre ser cauteloso cuando emplees cualquiera de los principios de la psicología oscura. Después de todo, los seres humanos y sus vidas están en juego, y un poco de precaución va un largo camino. Si comienzas a utilizar estas herramientas de manera efectiva, eficiente y responsable, los resultados te dejarán atónito y gratamente sorprendido. No estés bajo ninguna idea errónea de que puedes dominar la psicología oscura en poco tiempo o que es una habilidad que se puede adquirir de la noche a la mañana.

Aprender lo que significa es diferente a ponerlo en práctica en el mundo real. Requiere mucho tiempo, esfuerzo, dedicación y compromiso. Si estás dispuesto a comprometerte con este proceso y a mantener la mente abierta para aprender y utilizarlo, te servirá.

Entonces, ¿a qué esperas? Ahora que sabes lo que hay que hacer, ¡es el momento de practicar y poner en práctica todo lo que has aprendido! ¡Es hora de empezar inmediatamente!

Gracias por comprar y leer/escuchar nuestro libro. Si has encontrado este libro útil/ayudante, por favor, tómate unos minutos y deja una reseña en Amazon.com o Audible.com (si has comprado la versión de audio).

Recursos

Brennan, D. (2020, November 19). Manipulation: Symptoms to
   Look For. WebMD. https://www.webmd.com/mental-
   health/signs-manipulation

Buss, D. M., Gomes, M., Higgins, D. S., & Lauterbach, K. (1987).
   Tactics of manipulation. Journal of personality and social
   psychology, 52(6), 1219–1229.
   https://doi.org/10.1037//0022-3514.52.6.1219

Cialdini's 6 Principles of Persuasion – The World of Work Project.
   (n.d.). World of Work Project.
   https://worldofwork.io/2019/07/cialdinis-6-principles-of-
   persuasion/

Jensen, K. (n.d.). How Manipulative People Use These 7 Tricks to
   Control You. Forbes. Retrieved September 3, 2022, from
   https://www.forbes.com/sites/keldjensen/2017/03/08/how-
   manipulative-people-uses-7-tricks-to-control-you/

Knox Shanahan, J. (2020, May 26). Emotional Intelligence and
   Emotional Manipulation | Lead Read Today. Lead Read
   Today | Fisher College of Business.
   https://fisher.osu.edu/blogs/leadreadtoday/blog/emotional-
   intelligence-and-emotional-manipulation

Manipulation Archives. (n.d.). Dr. George Simon. https://www.drgeorgesimon.com/category/emotional-manipulation/

Mrkonji, E. (2022, April 28). What Is Dark Psychology? A 2022 Overview. Seed Scientific. https://seedscientific.com/what-is-dark-psychology/

Noggle, R. (2018, March 30). The Ethics of Manipulation (Stanford Encyclopedia of Philosophy). Stanford.edu. https://plato.stanford.edu/entries/ethics-manipulation/

Reardon, S. (n.d.). Brain Manipulation Studies May Produce Spurious Links to Behavior. Scientific American. Retrieved September 3, 2022, from https://www.scientificamerican.com/article/brain-manipulation-studies-may-produce-spurious-links-to-behavior/

Shyroka, A. (2020, October). (PDF) Psychological Aspects Of Manipulation Within An Interpersonal Interaction: Manipulations And Manipulators. ResearchGate. https://www.researchgate.net/publication/344540018_PSYCHOLOGICAL_ASPECTS_OF_MANIPULATION_WITHIN_AN_INTERPERSONAL_INTERACTION_MANIPULATIONS_AND_MANIPULATORS

Villiness, Z. (2019, September 17). Red Flags: Are You Being Emotionally Manipulated? Good Therapy. https://www.goodtherapy.org/blog/red-flags-are-you-being-emotionally-manipulated-0917197

Vogel, K., & Craft, C. (2022, April 15). 7 Manipulation Tactics to Know. Psych Central. https://psychcentral.com/lib/tactics-manipulators-use-to-win-and-confuse-you

Vogel, K. (2022, April 15). 7 Manipulation Tactics to Know. Psych Central. https://psychcentral.com/lib/tactics-manipulators-use-to-win-and-confuse-you#spotting-manipulation

Woronko, M. (2015, August 28). 4 Ways To Psychologically Manipulate Someone. Lifehack. https://www.lifehack.org/306016/4-ways-psychologically-manipulate-someone

Printed by BoD"in Norderstedt, Germany